John Ment & Schatzi

Mini-Ment
Beim ersten Kind wird alles anders

Mit Bildern von
Gesa Sander

Für unseren Jox

ISBN 3-935746-34-2

2. Auflage
Lektorat: Antje Bones
Satz: KCS, Buchholz
Printed in Slovakia

Edition Riesenrad
Am Hehsel 38, 22339 Hamburg
Wir schicken Ihnen gern unser Verlagsverzeichnis.

Inhalt

Vorwort

„Wird es ein Junge oder ein Mädchen?" „Das soll es später mal selbst entscheiden!" Oder: „Wenn Frauen schwanger sind, werden sie viel schlauer! Sie erinnern sich plötzlich wieder an meinen Namen, meine Telefonnummer …" Gerne auch: „Hey – wenn ihr mal einen Film dreht – wird das ein Schwangerschaftsstreifen?!?" Beliebt auch: „Wer ist denn der Vater?" „Dreimal dürfen Sie raten!" Oder: „Sieht aus wie der Papa – na, Hauptsache gesund."

Unendlich + X war die Zahl der Witze, die über und mit uns gemacht wurden, als klar war: Es ist ein Baby unterwegs! Und in diesem Fall war es nicht irgendein Baby, nein, es war unser Baby! Mit viel Humor sind wir beide an Schatzis Schwangerschaft gegangen. Und anders als mit Humor können Sie dieses warme Gefühl und die damit verbundene große Unsicherheit auch gar nicht verarbeiten, die da in Ihnen wächst: Wir werden Mama und Papa!

Hatte man mich bis dahin gefragt, was wohl das Aufregendste sei, was ich je erlebt habe, dann fiel es mir sofort ein. Es war der Abend gewesen, an dem Schatzi und ich uns kennen lernten. Das war am 18. März 1994. Ich habe es mir auf die Innenseite meiner Augenlider tätowiert. Ich moderierte eine Feier für die Firma, in der Schatzi damals arbeitete. Und was sich daraus ergab, war unvergesslich. Endlich mal eine Frau an meiner Seite, die ich nicht aufblasen musste. Dieser Tag hat unser beider Leben komplett auf den Kopf gestellt! Es war Liebe auf den ersten Blick. Und jeden Tag wird es ein Universum mehr.

Dass aus dieser Liebe dieses zauberhafte Wesen werden würde, das der große J.R.R. Tolkien zum kleinen Elbenkönig gemacht hätte! Hätten wir es auch nur ansatzweise geahnt, wir hätten ihn schon viel früher sehen, riechen, hören und fühlen wollen. Nicht erst sieben Jahre später. Und nun ist er da.

Es gibt Menschen, die sagen, Bücher spielen heutzutage keine Rolle mehr. Das stimmt nicht! Unser Chef zum Beispiel verprügelt uns ausschließlich mit Büchern. Welche Rolle dieses Buch in Ihrem Leben spielen wird? Nun, ich hoffe, Sie werden am Ende sagen: So ein Buch können wir auch schreiben, denn unsere Geschichte ist mindestens genauso schön.

John Ment und Schatzi im Oktober 2002

Von einer eigenen Sprache und wie es dazu kam

„Bau!" – das ist Liamesisch oder auch Mini-Mentisch und heißt so viel wie „Baum". Es wird vom Mini-Ment laut und windstoßartig herausgepresst, während er wie angewurzelt an dem betreffenden Baum steht, ihn festhält und immer wieder bewundernd an ihm hochschaut. Ähnlich verhält es sich übrigens mit dem Wort „Papa", das auch gerne mal zum Nachbarn gesagt wird, worauf in der Regel ein Handgemenge erfolgt. „Auf", eher wie „Ouff" ausgesprochen, ist in seiner Sprache als Aufforderung zu verstehen, eine beliebige Tür sofort zu öffnen. Andernfalls habe man die Folgen selbst zu tragen.

Liam heißt dieses stimmgewaltige Wunder – mittlerweile über ein Jahr alt, 15 Kilo schwer und 91 cm groß. Mit seinen kugelrunden, blauen Augen funkelt er dich lustig an, während er mutwillig nach deiner Brille greift, um sie dir von der Nase zu reißen und so einem geringen Schrottwert zu überführen. Dass seine blonden Haare dabei im Wind wehen, kann man nicht gerade sagen. Im Gegensatz zu anderen Kleinkindern hat er eher weniger Haare; ein Friseur würde sie ihm gleich an der Kasse schneiden. Ganz reinkommen lohnt da nicht. Am liebsten hat der kleine Liam „Mini-Ment"-Bücher. Sein Vater hat wenig Zeit zum Lesen. Oft schaffe ich nicht mal den Titel eines Buches. Aber zum Glück gibt es ja noch die Mutter: Schatzi! Sie nimmt den kleinen Mann auf den Schoß und blättert mit ihm seine Bücher durch. Bücher, die so groß sind, dass sie durchaus denkbar wären als tragende Wände.

Wie konnte es nun dazu kommen, dass wir die Eltern dieser kleinen Rübe wurden? Was musste passieren, um mir begreiflich zu machen, dass eine Frau für ein Baby neun Monate braucht – und nicht 9 Frauen einen Monat? Mit welchem Spruch hatte ich Schatzi „rumgekriegt", meine besseren drei Viertel zu werden? Die Antworten dazu sollen Sie schnellstmöglich erhalten – und zwar jetzt!

Der Leberwurst-Tag und seine Folgen

Es gibt Tage, die nennt man „Leberwurst-Tage". Man trinkt etwas, und dabei ist einem die Leber wurst. Dies war auch das Motto von Schatzis damaligem Chef, der am 18. März 1994 seinen Fünfzigsten feierte – die Geburtstagstorte glich einem Fackelzug. Ich war als „Überraschungsgast" für diese Party gebucht und führte mit dem Geburtstagskind und seiner Familie eine Art Talkshow. An diesem Abend sah ich Schatzi zum ersten Mal. Sie sah einfach umwerfend aus! Ich hätte sie küssen wollen und auf den Boden schmeißen – oder auch nur auf den Boden schmeißen. Und normalerweise hatte ich für solche Augenblicke eine Menge Sprüche parat – hier ein kurzer Auszug:

„Darf ich Ihnen etwas anbieten? Einen Cocktail? Einen Sekt? Eine Eigentumswohnung?"

Oder etwas härter:

„Entschuldigung – ich kann gerade nicht klar denken. Ich brauche mein Blut woanders!"

Aber auch:

„Hallo. Ich würde dich gerne einmal kennen lernen – auf einer meiner nächsten Hochzeiten!"

All das war gar nicht nötig, denn beim ersten Blick in unsere Augen war es um uns beide geschehen: Wir waren verliebt! Sogar ineinander. Die Götter spielten Harfe, alle Feuerwerke dieser Welt wurden gleichzeitig gezündet – in unseren Herzen! Dann ging alles ganz schnell. Wir zogen zusammen, Schatzi kündigte ihren Job, nutzte ihr Talent und wurde ebenfalls Radio-Moderatorin. Am 30. Mai 1997 heirateten wir bei strahlendem Sonnenschein in unserem

Lieblingsurlaubsort, in Luzern. Es war mehr als romantisch. An diesem Tag waren dort 30 Grad, die Sonne schien wie nie zuvor und meine Eltern waren die Einzigen, die von unserer Hochzeit wussten. Sie waren unsere Trauzeugen. Auf den Tag genau ein Jahr später verrieten wir auf einem Fest dann allen, dass wir verheiratet waren. Bis dahin hatte niemand etwas davon gemerkt. Nicht mal wir.

Vom alles entscheidenden Urlaub

Schatzi behauptete immer, ich sei neugierig, so stand es zumindest in ihrem Tagebuch. Und neugierig war ich auch, als wir im Sommer 2000 bei unseren Freunden Yvonne und Hans-Werner in der Schweiz wohnten, in der Millionenmetropole Gersau. Es ist ein sehr kleiner Ort am Vierwaldstätter See. Die Einwohner lernen sich eigentlich nur bei Verkehrsunfällen kennen. Auch deswegen ist es Idylle pur und wir möchten auf keinen Fall diese kleine, ruhige Perle mit ihren sympathischen Schweizern missen. Wir hatten dort wie jeden Urlaub im Hotel der Freunde gewohnt. „Rotschuo" hieß das Hotel und es war wunderschön. Die Handtücher in diesem Hotel waren so flauschig, dass man kaum seinen Koffer zubekam. Und so viel Zeit hatten wir plötzlich für uns. Normalerweise gehörte ich zu den Leuten, die in ein Spielwarengeschäft gingen und sagten: „Ich hätte gerne ein Geduldsspiel – aber zack, zack!"

Dieser Urlaub war anders als die anderen. Schatzi hatte sich in der Apotheke drei dieser berühmten Tests gekauft, anhand derer wir schnell feststellen konnten, ob wir in Zukunft zu dritt sein würden (ohne dass die Schwiegermutter bei uns einzog). Und in der Tat, zuerst nur schwach – und später ganz deutlich war es abzulesen: Wir würden ein Baby bekommen! Der erste Weg nach dem Urlaub war der zum Frauenarzt. Wenn man später den Beruf ausübt, den man als Kind am liebsten spielt, hätte ich eigentlich Frauenarzt werden müssen. Gerne so einer wie der von Schatzi. Seine Praxis war in Quickborn bei Hamburg und er stellte fest: Ja! Schatzi war mit sofortiger Wirkung schwanger! Während all dies mit Schatzi geschah, war ich mit meinem

Vater „Jox“ auf Sylt. Wir machten öfter diese Vater-und-Sohn-Ausflüge auf die Insel. Wenn ich meinem Vater zu langweilig wurde, grub er mich am Strand ein – und zwar ganz. Nun wusste ich, dass Schatzi beim Frauenarzt war, und wir hatten vereinbart: Alles, was nun passieren würde, müsste erst mal unser Geheimnis bleiben. So erreichte ich sie telefonisch am Nachmittag von Sylt aus, und sie war völlig aufgelöst! Der Arzt hatte bei ihr ein so genanntes „Myom“ festgestellt; einen gutartigen Tumor, der mitwachsen würde und unter Umständen dem Baby im Mutterleib große Probleme bereiten könnte. Zum Glück sollte dies nicht der Fall sein. Das Myom meinte es gut mit uns (dafür noch mal herzlichen Dank).

Die Zeit der Schwangerschaft

Drei Dinge zu sagen fällt langjährigen Ehemännern besonders schwer. Erstens: Ich liebe dich. Zweitens: Danke. Und drittens: Vorsicht, von rechts kommt ein Auto. Wenn deine Frau aber schwanger ist, wirst du plötzlich der beste Ehemann der Welt. Du legst deiner Frau zum Beispiel das Kissen immer unter, nie aufs Gesicht. Du trägst sie auf Händen – und das nicht nur in die Küche! Schatzi war wohl eine der glücklichsten Schwangeren, die man sich überhaupt vorstellen kann. Sie deckte sich ein mit jeder Menge Bücher zum Thema Schwangerschaft und hatte sie schneller durchgelesen als ich mein Namensschild. „Von mir aus kann es jetzt schon kommen!", sagte Schatzi dann auch sehr mutig bereits nach dem dritten Monat. In der Schwangerschaft wuchs ihr Bauch auf eine beträchtliche Größe. Ihre Kleidung hielt sich mit einigen Sicherheitsnadeln. Jedes ihrer wohl 6000 Paar Schuhe wurde einfach zu eng. Wir ließen von einem uns bekannten Tischler eine Wickelkommode anfertigen. Und das gleich in Übergröße, als hätten wir schon geahnt, dass der Mini-Ment sehr schnell sehr groß werden würde! Die ersten Bewegungen im Mutterleib spürte Schatzi eines Morgens im Bett. Das Baby trat von innen gegen ihren Bauch. Schatzi blieb regungslos liegen und staunte, was da in ihr vorging. Und auch während der Schwangerschaft wurde unser Baby immer gegen 4 Uhr morgens aktiv. Kein Wunder. Es war die Zeit des Aufstehens für unseren morgendlichen Job.

Während ich nun zu Hause saß und das Hamburger Telefonbuch auf Fehler durchsah, legte Schatzi ein Tagebuch an. In dieses klebte sie fein säuberlich jedes Ultraschallbild, das sie vom Frauenarzt mitbrachte, und versah es mit einer Bemerkung. Im siebten Monat meldete sie sich zum Vorbereitungskurs an. Das war viel zu spät, denn die waren lange ausgebucht. Im Grunde muss man sich sofort nach jedem Sex bei so einem Kurs anmelden; es kann gar nicht rechtzeitig genug sein. Der erste Kurs kam dann auch auf eine Länge von vier Stunden statt der geplanten zwei. Die werdenden Mütter hatten einfach zu viele Fragen. Als Nächstes gingen wir zusammen in ein Krankenhaus, um zu prüfen, wo unser Baby zur Welt kommen sollte. Schatzi kannte Krankenhäuser überhaupt nicht von innen. Mit ihrer eisernen Gesundheit war sie ohne Frage eine Schande für das ganze Arzneimittelshowgeschäft. Wir entschieden uns schnell für das Klinikum Nord, das Heidberg-Krankenhaus. Die Schwestern waren durchweg sympathisch, alles machte einen sehr kinder- und mutterfreundlichen Eindruck (was sich später auch bestätigen sollte). Während der Schwangerschaft änderte sich unser Leben natürlich gewaltig! Schatzi trank überhaupt keinen Alkohol mehr und hatte viel Spaß dabei, sich auf Feiern stocknüchtern die betrunkenen Gäste anzugucken. Ihre Ernährung bestand hauptsächlich aus Salat, aber auch Salat gab es zwischendurch – wenn es nicht gerade zur Feier des Tages mal einen Salat gab. In unserem Radiosender hechelte sie immer die Treppe hoch und runter, atemlos, um ins Studio zu kommen und Wetter und Verkehr zu verlesen. Ab dem siebten Monat mussten wir den Sitz im Auto so weit verstellen, dass sie am Ende fast gar nicht mehr hineinpasste. Und beim Wiegen – auweia! Früher sagte Schatzi immer zu mir: „John – es bringt nichts, wenn du auf der Waage den Bauch einziehst!“ Und ich sagte: „Doch! Wie soll ich sonst die

Zahlen erkennen?" Und nun war es bei ihr so weit: Locker hatte sie von 64 auf 89 Kilo aufgestockt. Sie rieb sich mit einer Creme ein, die spätere Schwangerschaftsstreifen verhindern sollte – und das wirkte tatsächlich. Unser kleiner „Schmetterling", wie wir unser Baby während der Schwangerschaft nannten, gedieh prächtig. Und: Es sollte ein Junge werden! Dies offenbarte mir Schatzi am Morgen meines 37. Geburtstages im Oktober als schönstes Geburtstagsgeschenk überhaupt. Ein Ultraschallbild bewies es mehr als deutlich, und ich konnte meine Freudentränen nicht länger unterdrücken. Jetzt wurde es auch höchste Zeit, alle in Schatzis Schwangerschaft einzuweihen. Immerhin war sie zu diesem Zeitpunkt schon im sechsten Monat! Niemand hatte bisher etwas bemerkt. Der Erste, der an unserem Glück teilhaben sollte, war unser damaliger Programmdirektor. Ein Mann, der seit vielen Jahren Blut spendete, wenn auch nicht sein eigenes. Wir hatten einen Termin bei ihm gemacht und ihm eine Zeitungs-Sonderausgabe gebastelt mit Fotos von uns und der Schlagzeile: „John und Schatzi freuen sich aufs Baby!". Erst vom Donner

getroffen, beglückwünschte er uns schließlich von ganzem Herzen! Zuerst war er vom Donner getroffen, denn ihm wurde ja schlagartig klar: Seine beiden Morgenmoderatoren würden nun eine Zeit lang nicht mehr zusammen moderieren können!

Wir hatten dann noch ein paar Tage in der Schweiz, während dessen wir auch den Namen fanden, den der kleine Mini-Ment fortan tragen sollte. Und das war gar nicht so einfach. Gerade mit Namen kann man bekanntlich eine Menge falsch machen. Stellen Sie sich vor, wir nennen ihn Mo oder Testa (Ment) – das ginge gar nicht. So fiel unsere Wahl nach der Lektüre unzähliger Bücher und Filmabspanne, nach unzähligen Hausbesuchen und Einzelgesprächen auf den Namen „Liam" (Kurzversion von William) und als zweiten Namen Gabriel. Warum? Weil unser Lieblingsschauspieler Gabriel Byrne heißt (bekannt aus „Der Mann in der eisernen Maske", einem unserer absoluten Nummer-1-Filme) und wir die Musik von Peter Gabriel sehr lieben.

Ein weiteres Problem schien sich zu ergeben, je mehr wir uns dem Stichtag näherten: Der kleine Mini-Ment hatte eine Steißlage. Das hieß, er lag statt mit dem Kopf mit seinem Po am „Ortsausgang", was die natürliche Geburt eindeutig erschwerte. Unser Arzt hatte uns geraten, es mit der „Taschenlampen-Methode" zu probieren – immer auf Schatzis Bauch von oben nach unten zu leuchten und zu hoffen, dass er diese Bewegung einmal mitmacht und sich dabei komplett umdreht. Wir hatten dies einmal probiert und kamen uns dabei ziemlich doof vor. Wir stellten uns vor, dass er irgendwann, wenn er größer sein würde, uns mit der Taschenlampe im Gesicht rumleuchten und dabei hektisch fragen würde: „Na? Wie gefällt euch das?"

Von einem Finger, einer Frage und den ersten Worten

Der Morgen wäre halb so schlimm, wäre er erst am Nachmittag. Wie oft hatten wir das schon gedacht, wenn uns der Radiowecker morgens um vier aus unseren Träumen riss! Am Morgen des 23. Februar 2001, ein Freitag, gab es gegen acht Uhr nur eines: die seit Tagen gepackte Tasche ins Auto. Der Motor lief sicherheitshalber schon seit einer Woche. Jetzt noch schnell ein paar Fotos gemacht von uns am Morgen der Geburt, und dann ab ins Krankenhaus.

Es war nun klar, dass es ein Kaiserschnitt werden würde. Der Mini-Ment beharrte weiter auf seiner Lage mit dem Po nach unten; etwas anderes als ein Kaiserschnitt wäre sehr gefährlich gewesen für unseren kleinen Schatz. Und warum sollten wir ein Risiko eingehen? Wie mag er wohl aussehen? Auf einem unserer letzten Ultraschallbilder sah man ihn schon ganz deutlich. Vor allem den Zeigefinger seiner rechten Hand. Er zeigte ausgestreckt nach unten. Ein Ultraschallbild wie ein Kunstwerk von Michelangelo. Und noch heute streckt unser Sohn seinen Finger aus wie auf diesem Bild (wohlgemerkt den Zeigefinger, nicht den Mittelfinger).

Ich durfte bei der Operation, und genau das ist ein Kaiserschnitt, dabei sein. Ich wurde im Krankenhaus in eine kleine Umkleideschleuse geführt, in der ich mir eine sterile Hose anziehen musste (ich wählte in der Aufregung eine Hose, in die noch das Segelschulschiff „Gorch Fock“ mit hineingepasst hätte). Dazu trug ich ein schickes Oberteil, Holzschuhe und einen Mundschutz. Während ich so darauf wartete, in den OP geführt zu werden, erlebte Schatzi etwas ganz anderes. Nach den fast vier Stunden, die wir im Kran-

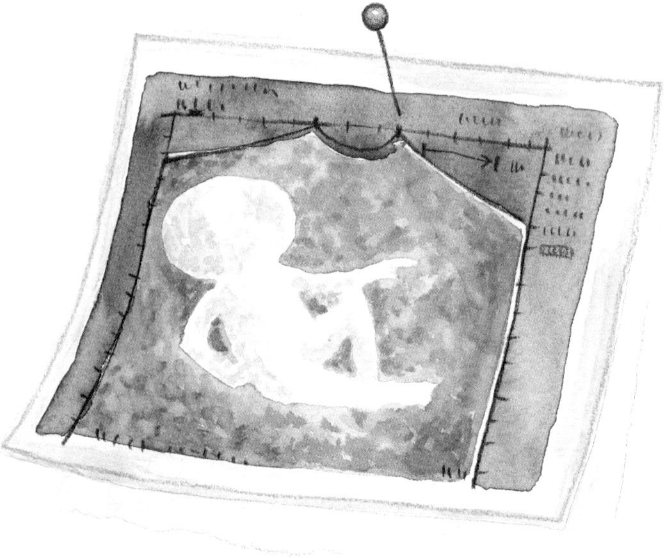

kenhaus gewartet
hatten, wurde Sie von ihrer Hebamme
Juliane erst mal rasiert – und zwar komplett. Ich hatte mich beim Rasieren schon öfter geschnitten, und Sie können sich gar nicht vorstellen, wie unangenehm das sein kann – mit einem Pflaster in der Hose. Schließlich wurde Schatzi in die Kantine gerollt. Dachte sie zumindest, wegen des Tresens. Dies aber war die Schleuse in den Operationssaal. Sie erhielt dort ihre Rückenmarksnarkose, bei der ihr rechtes Bein plötzlich und unerwartet in die Höhe schoss – offensichtlich hatte man einen Nerv getroffen, dem dies wenig schmeckte. Und dann war es so weit! Ich wurde in den Saal geführt. Alles, was ich von Schatzi sah, ging von der Brust an aufwärts. Der Rest war von einem großen Vorhang verdeckt. Das Ärzteteam machte sich dann an die Arbeit. Schon nach

wenigen Sekunden fragte Schatzi: „Wer hat die Katze reingelassen?“ Mit diesem Zitat aus einer Filmkomödie mit Steve Martin, die ebenfalls in einem Krankenhaus spielte, feierte Schatzi in diesem Augenblick Triumphe. So viel Humor war man bei einem Kaiserschnitt nicht gewohnt! Auch fragten wir etwa alle 6,4 Sekunden in Richtung des Vorhanges: „Ist er schon zu sehen? Haben Sie ihn schon?“ Schließlich um 12 Uhr 26 spürte Schatzi trotz Betäubung ganz genau, wie Mini-Ment aus ihr herausgezogen wurde – mit dem Po voran. Bruchteile von Sekunden später hörten wir die ersten Schreie unseres Sohnes! Das ist etwas, das wir nie vergessen werden! Unser Herz zersprang vor Glück! Die Sprache versagte, hier passende Worte zu finden! 3420 Gramm wog er, war 54 cm groß, und Schatzis erste, tränenerstickte Worte an ihn waren: „Da bist du ja endlich, kleiner Schmetterling!“

Beim ersten Kind wird alles anders

Wird beim ersten Kind wirklich alles anders? Die Frage allein ist so gut, dass ich sie nicht mit einer Antwort verderben möchte. Ich mache es trotzdem: Was hatte sich eigentlich in unserem Leben verändert, seit der Mini-Ment auf der Welt war? Hier ist das Ergebnis von **A** bis **Z**:

A wie Autofahren! War unser Motto schon immer gewesen: „Hände weg vom Gaspedal!“, fuhr man jetzt noch vorsichtiger mit dem kleinen Schatz. Interessant war, dass ein Automobilclub Kindersitze getestet und fast alle für empfehlenswert befunden hatte. Die einzige Schwierigkeit hatten wir auch eigentlich nur mit dem Befestigen auf dem Dachgepäckträger.

B wie Busen! Nach dem Abstillen trug Schatzi ihren „Zauberflöten-BH“; sie nahm ihn ab – und der Zauber war flöten. Waren alle verfügbaren Busen während des Stillens erfreulich groß, pendelten sie sich nach dem Abstillen wieder bei ihrer normalen Größe ein.

(„Eigentlich schade, auch wenn mich der Charakter mehr interessiert.“ Zitat eines bekannten Hamburger Radio-Moderators.)

C wie Chemie! OH3! Das sind wir auf dem „Periodensystem der Elemente“! Oha drei! Das riefen alle, die uns kommen sahen.

D wie Dankbarkeit! Als die Hörer unserer Morgensendung mitbekamen, dass der Mini-Ment auf der Welt war, bekamen wir eine zweihundert Meter lange Faxrolle! Auf ihr standen die liebsten Grüße und Glückwünsche unser Hörer. Wir haben die Faxe und E-Mails sorgfältig aufbewahrt und werden sie bald unserem Sohn zeigen. (Nächstes

Jahr, wenn er sein Studium der Atomphysik abschließt. Dann ist er knapp 2 Jahre alt.)

E wie Einkaufen! Ich fand ja diese Einkaufswagen in Supermärkten unglaublich gut! Ich wäre gerne mal wieder in einem gefahren worden – aber man war ja keine 16 mehr! Wenn wir heute mit Mini-Ment einkaufen gehen, sitzt er immer strahlend als Kapitän im Einkaufswagen und grinst alle freundlich an. Er ist ein derart freundliches Kind, dass er selbst dem größten Griesgram, der uns begegnet, ein Lächeln ins Gesicht zaubert.

F wie Freizeit! Richtig „frei" hatten wir ab Mittag, wenn Schatzi vor mir wieder zu Hause war. Ich kam so gegen 15 Uhr aus dem Sender. Vorher hatte ich da stets noch Wichtiges zu erledigen (Nasebohren, auf dicke Hose machen, dem Chef in dem Bauch treten; übrigens seine Schuld – was muss er sich auch umdrehen?). Mit unserem Mini-Ment fingen wir an, unsere Freizeit sinnvoll zu gestalten. Bücher lesen, Ausflüge machen, Radfahrten. Und wenn der Mini-Ment an einem bestimmten Baum in unserem Garten stand, fing ich an ihm zu erklären: „Dies ist nicht dein Baum, aber dein Lieblingsbaum. Ein Baum gehört niemandem – er gehört nur sich selbst. Und du musst ihn achten! Behandle jedes Blatt so, als wäre es ein Finger." Das klingt jetzt sehr philosophisch. Soll es auch.

G wie Glück! Dem ist nichts hinzuzufügen. Ein Kind ist das größte Glück auf der Welt. Und als Mini-Ment das erste Mal „Papa" rief und mir in die ausgebreiteten Arme lief – mehr ging einfach nicht. G wie Gänsehaut.

H wie Hebamme! Gut, dass es sie gibt! Unsere Hebammen im Krankenhaus kamen sogar einmal nachts um 23 Uhr nach Dienstschluss, um bei uns zu Hause nach

Schatzi zu sehen. Sie hatte durch das Stillen einen „Milchstau“ – sehr schmerzhaft und mit hohem Fieber verbunden. Die Hebammen konnten ihr großartig helfen!

I wie Illusion! Das Leben ändert sich nicht mit einem Kind? Eine Illusion. Alles hatte sich geändert in unserem Leben. Aber wir konnten viele Dinge aus unserem „alten“ Leben mit hinübernehmen in unser neues, noch viel schöneres Leben. Vieles wurde einfach eine Frage der Organisation und Planung. Und wer sein erstes Kind hat, weiß, dass es keine Routine gibt – denn man macht jeden Handgriff das allererste Mal!

J wie Jein! Ist erst das erste Kind da, überlegt man schon bald: Wie wäre es mit einem zweiten? Wenn man schon mal dabei ist ... Aber dann kommen die Gedanken: Wer hat es denn nun besser – ein Einzelkind oder Geschwister? Ich war als sympathisches Einzelkind groß geworden und hatte das Kindsein bei meinen Eltern sehr genossen! Schatzi wiederum kannte die Vorzüge von Schwestern und großen Brüdern („Wenn dich mal einer verprügeln will, sag mir Bescheid! Dann mache ich mit!“). De facto können wir uns aber sehr gut vorstellen, dass der Bestseller, den Sie gerade in den Händen halten, einmal fortgesetzt wird mit dem Titel: „Ab dem zweiten Kind wird alles noch viel anderser“!

K wie Karriere! Wer Radiomoderator wird, um das große Geld zu verdienen, kann genauso gut Mönch werden, um Frauen aufzureißen. Trotzdem war und ist es einer der schönsten Berufe der Welt – und Schatzi hatte alles dafür getan, um wieder frühmorgens mit am Mikrofon zu stehen (siehe auch O wie Opa!).

L wie Liebe! Eine Umfrage ergab, dass sich jeder Fünfte vorstellen kann, zwei Menschen gleichzeitig zu lieben. Für mich kam das nicht in Frage. In meinem Herzen war nur Platz – für mich! Dachte ich bisher immer, aber wenn Schatzi und unser Mini-Ment nicht auch darin wären, hätte mein Herz keinen Grund weiterzuschlagen.

M wie Mutter! Muttersein macht stark! Schatzi telefonierte zur Stärkung und um Fragen zu klären sehr oft mit ihrer Schwester Silke, die selbst vier Söhne hat. Eine Mutter am Telefon hat sehr viel zu sagen. Ich erwog die Gründung einer Popgruppe mit dem Namen „Muttern Talking".

N wie Nächte! Bis der Mini-Ment sechs Monate alt war, schlief er immer in seinem Bett bei uns mit im Schlafzimmer – dann bekam er sein eigenes Zimmer. Und Schatzi war es, die ihn gerade in den ersten Wochen seines Lebens immer wieder zu uns ins Bett holte, um ihn zu stillen und damit er besser schlief. Ich hatte sie immer sehr bewundert, wo sie die viele Kraft und Ausdauer hernahm, um am nächsten Morgen nicht auszusehen wie „Schatzimodo – die Glöcknerin von Notre-Dame!".

O wie Opa! Und das war die Abkürzung für „Optimale Power!". Schatzis Vater Pete ist da ein ganz besonderes Exemplar seiner Gattung. Durchtrainiert vom vielen Sportgucken wurde er der Auserwählte! Er war es, der in der Woche jeden Morgen bei uns um 20 nach 4 Uhr an die Haustür klopfte, um bis 11 Uhr auf Mini-Ment aufzupassen. Hätte er sich nicht dazu bereit erklärt, hätten wir keinen Babysitter gehabt. Dann hätte Schatzi nicht sechs Monate nach der Geburt wieder anfangen können zu arbeiten. Und Opa Pete liebt Mini-Ment – und Mini-Ment liebt Opa Pete!

P wie Perfektionismus! Man wollte ja alles rundum perfekt machen für den kleinen Mini-Ment! Selbst jede Windel war von uns „pre-kacked", um zu wissen, ob sie für ihn auch angenehm war.

Q wie Qualität! Hatten wir vorher schon sehr auf Ernährung geachtet (möglichst vollwertig – wir hatten uns immer gefragt: „Wie voll werd ich?"), kam es uns beim Mini-Ment besonders auf die Qualität seiner Ernährung an. So kauften wir fast alles für ihn beim Bio-Mann um die Ecke.

R wie Rübe! Kleine Rübe oder auch Rübchen – das war sein zeitlich bisher längster Spitzname nach dem „Schmetterling". Es gab sogar ein Lied, welches Schatzi immer für ihn sang! Hier Schatzis Text, gesungen nach einer selbst erdachten Melodie: „Kleiner Liam, bist 'ne kleine Rübe, kleiner Liam, bist 'ne kleine Maus! Kleiner Liam, Rüb, Rüb, Rüb, wir haben dich so lieb, lieb, lieb, kleiner Liam, bist 'ne kleine Maus!"

S wie Sex! Dass ich eine Frau hatte, bemerkte man zunächst daran, dass die „Oh-John!"-Schreie aus dem Schlafzimmer mal nicht von mir selbst kamen. Heute müssen wir vorsichtig sein und sehr leise – wie es gerade kommt.

T wie Traum! Das Leben erschien uns manches Mal wie ein Traum, wenn wir in die kugelrunden Kulleraugen unseres Sohnes schauten und er uns anlachte. Konnte das alles wahr sein, so viel Schönheit? Wenn es wirklich ein Traum wahr – dann wollten wir nie wieder aufwachen.

U wie Urlaub! Übernachteten wir früher gerne in besonderen Hotels (wenn die noch einen Stern bekamen, waren sie auf null), mussten wir heute schon genau planen, wie wir das machten. Jetzt, wo wir mit einem Baby reisten, war so viel mitzunehmen! Da war erst mal die viele Wäsche, die speziellen Bio-Lebensmittel, Kinderkarre, Bettzeug – eine Liste ohne Ende. Und dann natürlich die Frage: Wie sollten wir reisen? War eine Autofahrt länger als zehn Minuten zumutbar? Was war mit Fliegen? Und wer sollte das alles bezahlen? Trotzdem: Unsere jährliche Ration Schweiz nahmen wir auf Lunge. Der Vierwaldstätter See war und ist die zweite Heimat unserer Familie!

V wie Verwandschaft! Als wir Radiomoderatoren wurden, hatten wir unsere Namen nicht geändert – unsere Familie schon. Und als wir dann Eltern wurden, waren sie alle für uns da. Sehr gute Freunde wurden plötzlich sogar anerkannt als „dritte Großeltern"! So waren es unsere Freunde Angie und Wolfgang, die Mini-Ment sofort auf ihren Thron hievten. Und Wolfgang hatte sogar eine Geschäftsidee. Angelehnt an eine Sektmarke erfand er eine Windel nur für Großeltern: „Enkel Trocken".

W wie Wort! Das Erste, was unser Sohn verständlich von sich gab, war ein klares: „Oijo Oijo!" Und das, wenn er schlafen sollte, dazu aber noch keine Lust hatte. So nannten wir ihn nach geraumer Zeit den „Kleinen Oijo-Oijo-Krieger". Wir wurden da sehr erfinderisch, was Spitznamen anging.

X wie x-mal! X-mal sagte man zum Mini-Ment: „Du brauchst nicht zu kreischen, wir verstehen dich auch so ganz

gut!“ Und x-mal hatte er uns das nicht sagen hören – weil er gerade kreischte.

Y wie YPS-Gimmick! Davon gab es leider nie Babys, sonst hätte man da schon mal üben können. So eigneten wir uns alles Wissen an über Bücher, Verwandte und Freunde, die gerne ihre Erfahrungen weitergaben.

Z wie Zähne! Vorsicht vor Menschen, die, gefragt nach ihrem Beruf, antworten: „Isch bin Tschahnartscht!“ Unser Mini-Ment war bisher noch nicht beim Zahnarzt. Aber seit er Zähne bekam, war er oft mit den Händen im Mund. Sein Speichel flutete unser Haus und sein Po war vom Zähnekriegen alle paar Tage wundrot (und das tat uns schon beim Hinsehen weh).

So weit von **A** bis **Z** – das eine und andere soll jetzt aber noch etwas ausführlicher verhandelt werden!

Von einem wunderschönen Krankenhausaufenthalt und dem Einzug zu Hause

Als ich Baby war, wäre ich beinahe vertauscht worden – zum Glück hatte eine Schwester meinen Vater dabei beobachtet! Unserem frisch geborenen Mini-Ment wäre so etwas nie passiert. Keine 10 Minuten nach seiner Geburt lag er schon im Kreißsaal bei mir auf der nackten Vaterbrust, eingewickelt in sein kuscheliges rotes Handtuch. Rote Handtücher mögen Babys besonders. Sie simulieren mit Farbe und Wärme den schützenden Mutterleib (wenn ich hier mal eine Runde klugscheißen darf). Dieses Gefühl, den eigenen Sohn auf der Brust zu haben, schreiend und so hilflos wie man selbst in einem Gehaltsgespräch – Wahnsinn! Nach etwa einer halben Stunde unserer unvergesslichen Zweisamkeit kam dann auch todmüde, aber unendlich glücklich Schatzi aus dem OP. Sie sah sehr geschafft aus. Diesen Blick von

ihr kannte ich sonst nur, wenn ich im Auto saß, während sie einen Reifen wechselte.

Ab jetzt würde er immer bei uns sein, der kleine Mini-Ment. Dieser Gedanke ließ unsere Herzen vor Freude breakdancen. Es gab ja Zeiten, da redete dic Hälfte der Familie nicht mehr mit einem und man überlegte, wie man das auch noch mit der anderen Hälfte hinbekam. Ganz anders jetzt! Noch im Krankenhaus wurde es Zeit, die Familie und den Rest der Welt über unseren Nachwuchs zu informieren. Wir hatten eine Liste vorbereitet mit den Telefonnummern der lieben Menschen, die wir sofort informieren wollten. Als Erstes natürlich die ganze Familie, die Freunde, dann Radio Hamburg. Am Telefon sagte ich sogar etwas für unsere Nachrichten, die damit sofort auf Sendung gingen. Was für eine Sensation! Meine vordringlichste Aufgabe war es nun, Schatzi vor Besuch abzuschirmen – auch wenn er noch so gut gemeint war. Für Mutter und Kind bedeutete jeder Besuch nach der Geburt Stress, sie mussten erst mal zu sich selbst finden und zur Ruhe kommen! So kam dann etwa zwei Stunden nach Mini-Ments Geburt auch nur Schatzis Schwester Silke zu uns ins Krankenhaus, um uns drei in ihre Arme zu schließen. Normalerweise war ich ja sehr ungern im Krankenhaus. Ich kannte ja diese dubiosen Geschichten, die mir zur Verunsicherung erzählt wurden. Geschichten von Ärzten, die bei der Pillenausgabe sagten: „Eine für Sie, zwei für mich …“ Oder man wusste, dass irgendetwas schief gegangen war, wenn man gefragt wurde: „Hatten – äh, pardon – haben Sie Familie?“

Wenig Vertrauen erweckend war es auch, wenn man im Dahindämmern der Narkose eine Stimme hörte, die sagte: „Nimm dieses Opfer, oh Herr der Finsternis!“

Ganz anders in unserem Krankenhaus. Ich wurde als Vater mit offenen Armen aufgenommen und konnte in dieser Woche bei Schatzi und unserem Mini-Ment bleiben, Tag und Nacht. Durch den Kaiserschnitt dauerte es ein paar Tage, bis bei Schatzi die Milch zum Stillen „einschoss". So lange bekam der Kleine eben etwas anderes (Steaks und ein kleines Pils). Nach einer Woche konnten Schatzi und Mini-Ment dann zurück nach Hause. Opa Pete holte sie mit seinem Wagen ab, denn ich sendete an diesem Morgen. Und Opa Pete war ein sehr guter Autofahrer, auch wenn er erst kürzlich zwei Stunden an einer roten Ampel stand (sie entpuppte sich hinterher als untergehende Abendsonne). In der Zwischenzeit hatte mein Vater Liams Holzbett im elterlichen Schlafzimmer aufgebaut. Ich hatte sogar ein Laufgitter aufgebaut – im Computerzeitalter schon eher ein Laufwerk. Und auch das war neu in unserem Leben, dass ich etwas Handwerkliches tat. Normalerweise hatte ich die berühmten zwei linken Hände. Meine letzten Worte als Heimwerker wären garantiert: „So, das müsste halten!" So war ich über mich selbst hinausgewachsen. Und wie Schatzi als frisch gebackene Mutter eines Säuglings über sich hinauswuchs, das sollen Sie jetzt unbedingt erfahren!

Vom lauten Stillen

Einer meiner Lieblingsgags ist dieser: Wofür braucht ein Kannibale einen Eskimo? Für ein kaltes Buffet (an dieser Stelle gehe ich in die stabile Seitenlage vor Lachen). Überhaupt sind Eskimos eiskalte Typen. Bei minus 30 Grad denken sie gerade mal dran, den obersten Hemdknopf zu schließen. Warum schreibt er das jetzt, fragen Sie sich sicher gerade und überlegen, ob der Autor nicht doch lieber sofort vor ein Witztribunal gezerrt werden sollte. Nein! Denn unser ein paar Tage junger Mini-Ment war sofort so etwas wie ein kleiner Eskimo.

Eiskalt war es im Februar 2001, es lag noch vereinzelt Schnee und sogar unsere 82-jährige Nachbarin trug einen dicken Mantel beim Anschieben unseres Autos. Und Mini-Ment lag draußen. Er lag auf der Terrasse unseres Hauses, im Bettchen seines Kinderwagens, unter sich das Lamm-Babyfell, schön eingemummelt und selig schlafend. Verblüfft stellte ich dabei fest, dass er fünf warme Mützen gleichzeitig tragen konnte. Schatzi hatte es wohl etwas zu gut gemeint. Von vielen anderen Elternpaaren hatten wir gehört, dass es angeblich gefährlich sein soll, wenn Babys der Kälte draußen ausgesetzt wurden – aber für unsere kleine Rübe war das ganz hervorragend! Er schlief locker zwei bis drei Stunden am Stück, ehe er wieder „an die Tröge“ (Zitat Schatzi) wollte, um gestillt zu werden. Alle zwei bis drei

Stunden – ein Rhythmus, der sich natürlich auch in der Nacht fortsetzte.

Mini-Ment schlief bei uns mit im elterlichen Schlafzimmer. Sein für ihn noch viel zu großes Holzbett stand direkt neben unserem vierbeinigen Freund (dem Bett). Auch hier schlief er in der Tragetasche seines Kinderwagens, damit wir ihn in dem großen Bett auch wiederfanden. Einen Schnuller nahm er noch nicht. Dafür nuckelte er mit großer Freude am Rüssel eines kleinen Stoffelefanten, den

ihm unsere französische Nachbarin Chris geschenkt hatte (wir ließen sie dafür hochleben mit einem dreifachen „Nicht schlecht!“). Eine Lampe in unserem Schlafzimmer bekam eine hochrote (Glüh-) Birne, damit Schatzi auch mal nachts das Licht anmachen konnte, ohne dass ich wach wurde. Und mit dem abendlichen Bücherlesen war es erst mal vorbei. Sobald wir im Bett waren, wurde das Licht ausgemacht. Wir waren ja froh, wenn Mini-Ment schlief. Viele Mütter schlafen mit ihren Neugeborenen in einem anderen Zimmer, um den tagsüber

arbeitenden Vater zur Ruhe kommen zu lassen. Dies kam für mich überhaupt nicht in Frage! Wir waren nun eine Familie, und ich rate Ihnen nur: Genießen Sie die Zeit, wenn es so weit ist. Als Vater war ich in der ersten Zeit, solange unser Baby gestillt wurde, etwas hilflos. Sicher, ich konnte auch mal die Windeln wechseln, ihn bespaßen und ins Bett bringen, aber die Hauptarbeit lag erst mal in der Nähe der Mutter zu ihrem Kind. Was wir schnell feststellten: Der Reiz eines Säuglings war oft der Brechreiz. Mini-Ment gehörte zu denen, die unglaublich viel spuckten. „Speikinder sind Gedeihkinder“, sagte hierzu ein altes usbekisches Sprichwort. Und in der Tat – heute ist Liam als Einjähriger schon ungewöhnlich groß! Später wird Schatzi ihn sicher mal trösten müssen mit den Worten: „Nein, mein Sohn, du bist nicht zu groß! Übrigens, dein Essen steht auf dem Schornstein!“

Es dauerte nur wenige Wochen, und Schatzi bekam das, was viele stillende Mütter bekamen: die Entzündung einer Brust mit hohem Fieber, kurz Milchstau. Sie fror entsetzlich, nahm eine heiße Dusche – worauf sie noch mehr fror. Was tun? Es war spätabends! Da half nur eines: ein Anruf im Krankenhaus auf der Station, auf der wir gelegen hatten mit Mini-Ment. Und nett, wie sie dort waren, kamen zwei Hebammen noch in derselben Nacht, nach Dienstschluss, gegen 23 Uhr zu uns nach Hause.

So lernten wir, was in diesem Falle am besten half: das Baby da anlegen, wo es wehtat, viel Flüssigkeit trinken (was soll man auch sonst trinken?) und kühlende Kohlblätter auflegen. Was wir, wie viele andere Eltern auch, intensiv betrieben hatten, war das Lesen von schlauen Büchern über die Entwicklung eines Babys.Was musste es in welcher

Woche können? Waren wir gute Eltern oder würde er sich bald neue suchen (so, wie er manchmal schrie)? Wie legte man ihn richtig ins Bett, damit die Gefahr des „plötzlichen Kindstodes“ im ersten Lebensjahr ausgeschlossen wurde? Auch hier hatten wir gelernt und ihn stets auf die Seite gelegt. Abwechselnd schlief er mal auf der rechten Seite liegend ein, dann auf der linken – auf keinen Fall auf dem Bauch. Außerdem gab uns der Mini-Ment netterweise die Nummer seines Babyfons. So war er für uns immer erreichbar und wir hatten eine gute Kontrolle. Was wir als frisch gebackene Eltern sehr schnell feststellten: Ein Kind zu haben war nicht nur ein Einschnitt ins Leben, sondern auch ein Einschnitt ins Portmonee. Das liegt einfach daran, dass es für die kleinen Fress- und Kackmaschinen so viele entzückende Sachen zum Anziehen gibt! Und meistens war natürlich das, was einem am besten gefiel, auch noch das Teuerste. Uff. Wie sollten wir das alles finanzieren? Bar? Hypothek aufs Haus? Aber zum Glück hatten auch die Großeltern und Freunde das Bedürfnis, unserer kleinen Rübe immer wieder was zu schenken. So mussten wir nur stets seine momentane Größe parat haben – und angezogen war er! Überhaupt standen Familie und Freunde recht häufig an der Tür, um uns zu besuchen. Alle waren natürlich neugierig, wie Mini-Ment sich machte und wie es ihm ging. Für Schatzi ging das Leben sehr anstrengend weiter. Denn obwohl sie zu dieser Zeit noch nicht wieder arbeitete, kümmerte sie sich intensiv um alles rund um Baby und Haushalt. Ich hielt mich da gepflegt raus. So was wie Putzen ist ja erwiesenermaßen auch irre gefährlich! Neulich wäre ich da beinahe über Schatzi gestolpert!

Von einer Detektivgeschichte, mit der dieses Kapitel anfängt

Stellen Sie sich mich jetzt vor als Detektiv in einem schmuddeligen Büro mit einer Glastür davor. Hören Sie förmlich, wie ich Ihnen diese Story erzähle: Es war wieder einer dieser Tage, an denen man sich fühlte, als hätte man sich mit dem Hammer gekämmt. Man guckte in den Spiegel und hörte sein Spiegelbild sagen: „Hey, dein Gesicht an der Kellertreppe – und die Kartoffeln kommen geschält hoch!" Ich hatte für jeden Tag der Woche einen Anzug – diesen, den ich trug. Und so saß ich mit den Füßen auf dem Schreibtisch in meinem kleinen Detektiv-Büro bei einer Cognacschorle und grübelte darüber nach, wie ich wohl am schnellsten zu ein paar Scheinchen kommen könnte, als plötzlich der Türknauf meines Büros ein paar Takte Tango tanzte! Meine Nackenhaare sträubten sich lautlos, der eisige Schauer einer Vorahnung erschauerte mich, und dann trat sie ein. Was für eine Frau! Vor lauter Kurven kam ich ins Schleudern. So etwas hatte ich noch nicht gesehen und mir war sofort klar: Nie wieder würde ich mir die Augen waschen! Ich gehörte zu den Männern, die beinahe jeden Tag Sex hatten. Am Montag beinahe, am Dienstag beinahe ... So war sie mir mehr als willkommen! Sie öffnete ihren Mund, der so rot war wie die Zahlen meines Kontos und formte die Worte: „John – aufwachen! Dein Sohn hat einen fetten Schnupfen!"

Ach herrje! Ich war tatsächlich eingeschlafen und Schatzi beförderte mich mit diesen acht Worten vom schönsten Traum in einen Albtraum! Unser Mini-Ment war das erste Mal krank – ein Schnupfen! Ich erwägte sofort, das „Mobile

Einsatzkommando“ zu aktivieren, eine Einheit der GSG 9 oder zumindest einen Spezialisten in Zürich, New York oder Paris aufzusuchen. Heute weiß ich, dass ein Schnupfen nichts Besonderes ist. Babys und Kleinkinder bekommen sehr regelmäßig eine Erkältung, was auch wichtig und gesund ist, denn es stärkt ihr Immunsystem. Jeder andere Vater, dem ich völlig aufgelöst erzählte, dass unsere kleine Rübe erkältet ist, scherzte darüber und machte mir klar, wie harmlos das war. Es änderte natürlich nichts daran, dass wir sofort in die Praxis fuhren. Unsere Kinderärztin, die auch die Routineuntersuchungen machte, sah ihn sich an und gab uns ein paar Tipps. Es gab zum einen Nasentropfen für Säuglinge, die hatten wir aber nicht benutzt, denn er sollte noch keine Medikamente bekommen. Ich besorgte dann in der Apotheke eine Art Saugnapf – ein kleines Plastikteil, das man ihm in die kleinen Nasenlöcher schob und das mit Unterdruck dann den Schnodder aus der Nase zog. Das half auch. Trotzdem war er für Schatzi erst mal schwer zu stillen, denn er bekam ja durch die Nasenlöcher kaum Luft. Nach gut vier Tagen war der Schnupfen durchgestanden, und alle konnten wieder durchatmen. In der Zwischenzeit hatte Schatzi mit der Rückbildungsgymnastik begonnen. Sie machte dies bei ihrer Hebamme Josefine, einer

guten Freundin, bei der sie auch den Geburtsvorbereitungskurs gemacht hatte. Josefine wohnte in unserer Straße, ein paar Häuser weiter. Das war natürlich sehr praktisch. Ihre Kinder Niklas und Alisa kümmern sich noch heute mehr als rührend um unseren Mini-Ment, wenn es ums Spielen geht oder ums Babysitten.

Als Schatzi mal wieder von dieser Gymnastik nach Hause kam, erzählte sie, dass sie ihr Schambein bis zum Nabel hochziehen soll (huch!). Es ging darum, den Beckenboden zu trainieren für eine bessere Kontrolle beim Wasserlassen. Außerdem soll sie auf der Toilette beim Pullern immer wieder mal „anhalten". Bis heute glaubt Schatzi, das habe lediglich dazu gedient, dass sie schneller von der Toilette zurückkam. Denn schnelle Reaktionen waren mehr als erforderlich, wenn Mini-Ment zum Beispiel die Tube mit Schatzis Enthaarungscreme entdeckte und zielstrebig darauf zusteuerte. Diese Rückbildungsgymnastik war übrigens nicht der einzige Kurs, den Schatzi besuchte. Da gab es auch die Baby-Massage – eine Behandlung, die Mini-Ment auch heute noch besonders mag. Schatzi nahm zusammen mit acht anderen Müttern teil. Die Babys lagen ausgezogen in einem Raum, um diesen mindestens zweimal zu fluten. Wenn die Babys sich dann leer gepullert hatten, wurden Sie von ihren Müttern schön massiert mit den richtigen Handgriffen. Das machte sie ruhig, müde und ausgeglichen. Trotzdem schrien die Säuglinge zwischendurch. Im Raum war es warm und irgendwann fingen sie an zu schwitzen. Wenn alle Babys schrien, war Mini-Ment ruhig – und wenn sich alle ausgeschrien hatten, legte er los. Beim nächsten Lehrgang ging es dann ums Essen.

Was sollte er nach dem Abstillen Vernünftiges essen, wenn er die gesunde Muttermilch nicht mehr bekam? Nun, ging es ums Essen, war ich normalerweise der Essperte (von „Experte“ abgeleitet. Die Red.). Das Essengehen war eines der Geheimrezepte für eine gelungene Ehe. Schatzi und ich gingen immer sehr gerne essen – sie dienstags, ich donnerstags. Was das Zubereiten einer Pizza anging, war ich auch der absolute Spezialist. Erst gestern gab es bei uns eine „Pizza Inquisition“ (total verbrannt). Ebenfalls eine Spezialität: meine „Pizza Meeresgrund“ (mit ganzen Wrackteilen). Mein Essen war immer auf Bio-Basis (wenn es stimmte, was auf der Dose stand). Was Wein anging, war ich das, was man einen Kenner nennt. Da konnte eine Kiste auch gerne mal drei Euro kosten. Und war ich deswegen geizig, bloß weil man bei meinen Weinproben den Wein immer zurück in die Flasche spuckte? Doch zurück zum Fall. Noch nie in ihrem Leben hatte Schatzi so viele Kurse besucht – doch als unsere kleine Rübe nach einem halben Jahr abgestillt wurde, dankte er es ihr mit seinem regen Appetit. Aber bis dahin war noch Zeit …

Vom Einkaufen und Badengehen

Oft fragte ich: „Schatzi, von Mann zu Mann – was macht der Tieflader voller neuer Schuhe vor unserem Haus?“ Die Antwort erhielt ich dann recht schnell: Sie hatte ihre Treuepunkte in einem Schuhgeschäft eingelöst. Einkaufen war etwas, was Schatzi, wie wohl die meisten, als notwendiges Übel ansah. Vor allem im Supermarkt wurde es echt anstrengend, wenn an der Kasse vor einem ein Rentner stand, die Lippen schürzte und mit zittriger Stimme sagte: „Einen Moment – ich glaube, ich hab's passend!“ Uff. Eine Welt brach zusammen, Termine konnten sofort storniert werden und alles dauerte noch eine Ewigkeit länger. Wenn Schatzi und ich shoppen gingen, zusammen mit unserem zwölf Wochen alten Mini-Ment, sah es alles ganz anders aus als vorher. Der erste Blick in einem Einkaufszentrum fiel immer in Richtung Wickelraum. Gab es überhaupt einen? Ja. Und war der auch schön sauber? Ja. Dann hinein und erst mal die Windel gewechselt. Diese waren noch relativ geruchsarm, da ja weder Fisch noch Fleisch vom Mini-Ment verdrückt wurden. Als er das erst mal aß, gingen wir besser außer Riechweite. Und dann das Geld, das wir im Einkaufszentrum ausgaben! Ich stellte fest, dass es immer knapper wurde. So wollte ich z.B. einen Fünfziger wechseln – und hatte gar keinen.

Wie dem auch sei – zuerst ging es mal an die Lebensmittel. Schatzi trank immer noch keinen Alkohol, außer vielleicht mal ein Glas alkoholfreien Sekt. Sie ernährte sich immer noch reichlicher als sonst – aber als stillende Mutter war das ja auch völlig normal. Sie achtete sehr darauf, dass möglichst alles vom Bio-Mann kam – denn das, was sie zu sich nahm, gelangte ja auf irgendeinem Weg doch in die Muttermilch. Die Klamotten, die wir für unsere kleine Rübe kauften, waren ähnlich gestrickt. So kaufte Schatzi die meisten Sachen in einem Hebammenshop in Hamburg. Am wohligsten fühlten sich dabei die Wolle-Seide-Bodys an, die Mini-Ment auch heute noch drunter trägt. Und wir hatten für ihn ganz besondere Hemden und Pullunder gekauft, in denen er aussah wie ein kleiner Klugscheißer (daher auch: Klugscheißerklamotten!). Als wir eines Tages mal wieder shoppen waren, dachte ich mir, ich schenke Schatzi mal etwas, das sie vom Stress befreit. Und da sie schon ein schnurloses Telefon hatte, schenkte ich ihr kurzerhand eine telefonlose Schnur. Da war die Freude klein. Während all dieser Einkaufstouren nahmen wir uns immer einen Einkaufswagen, in den wir Mini-Ment samt Kindersitz stellten – er saß dort ganz friedlich und nahm mit seinen Kulleraugen alles wissbegierig auf.

Jetzt näherte sich auch der nächste Höhepunkt! Mini-Ment sollte das erste Mal in die Kinderbadewanne. Wir hatten schon sehr rechtzeitig eine gekauft. Wir stellten diese im Badezimmer auf mit einem Gestell darunter. Mit seinen zwölf Wochen war es also so weit. Nachdem wir ihn vorher immer nur mit Waschlappen und warmem Wasser abgerieben hatten, hieß es jetzt: das erste Bad! Ich hielt den Duschschlauch der Erwachsenen-Badewanne in seine kleine Plastikwanne und ließ sie halb voll laufen. Dabei schwamm immer ein Thermometer mit. Das Wasser sollte nach Möglichkeit eine Temperatur von 37 Grad haben. „Lassen wir mal 37 gerade sein!", scherzte ich, um davon abzulenken, dass das Wasser mal 10 Grad hatte, mal 1000. Schließlich hatte es dann doch eine annehmbare Temperatur. Gerade wollten wir Mini-Ment nackend aus seinem angenehm warmen roten Handtuch zu Wasser lassen, da fiel es mir siedend heiß ein: Wo ist die Videokamera? Sein erstes Bad – das war doch für die Nachwelt festzuhalten! Man hätte daraus doch einen sensationellen Spielfilm drehen können! So etwas wie „Schwimm langsam" (Mini-Ment als Bruce Willis), „Titanic 2" (mit einem unsinkbaren Mini-Ment) oder auch „Speed 7" – ein Baby gerät außer Kontrolle und kann nur noch von Sandra Bullock gestoppt werden! So rannte ich schnell vom Badezimmer die Treppe runter ins Wohnzimmer, griff nach der Videokamera und nahm auf, wie Schatzi den kleinen Mann das erste Mal vom Stapel laufen ließ. Seine Augen wurden dabei immer größer; erst berührten seine Füße das Wasser, dann der Po und schließlich saß er von uns gut festgehalten in seiner Badewanne. Das ganze dauerte etwa 30 Sekunden – dann wollte er lieber schnell wieder raus. „Ganz der Papa" – meinte Schatzi und spielte darauf an, dass mich Wasser nur interessierte, wenn es mindestens 40% hatte. Überhaupt war das mit dieser Plastikwanne keine gute Idee – alle hatten uns geraten, selbst mit dem Kleinen in die Wanne zu steigen. Dies war etwas, was ich dann auch eine gute Woche später mit ihm machte. Und siehe da, er war viel entspannter und hatte sichtlich seinen Spaß. Ganz wichtig war auch, dass er aus dem Wasser kommend sofort unter die Wärmelampe kam, die über der Wickelkommode angebracht war. Wir alle wissen, wie unangenehm das ist, wenn man aus dem Wasser kommt und friert. Das Einzige, was noch unangenehmer war: Wenn man dem Chef die Füße küsste (aber was tat man nicht alles für ein nettes Wort).

Vom Arbeitengehen und ein Tag im Leben des Mini-Ment

Chef ist überhaupt das Stichwort! Unser Chef war der Ansicht, man müsste seine Mitarbeiter foltern, bis sie begriffen hätten, wie wichtig das wäre: ein gutes Arbeitsklima! Es gab ein Wappen für unseren Sender: eine Ziege und ein Vogel – wer meckert, fliegt. Und obwohl er zu klein war für jede Lichtschranke, hielt er sich doch für den Größten. Und wie er mit Geld umging! Oft hatte ich gesehen, wie er Fünfziger in seinen Kamin warf, um Platz zu schaffen für die Hunderter. Dieser Mann wollte natürlich von uns wissen, wann Schatzi wieder arbeiten würde. Wir hatten ihre Rolle an meiner Seite in der Frühsendung unseres Radiosenders übergangsweise mit einer Vertretung besetzt (danke, Julia!). Schatzi gab eine klare Antwort. Wenn Mini-Ment ein halbes Jahr alt sei, dann würde sie wieder arbeiten wollen. Außerdem mussten wir ja noch einen zuverlässigen Menschen finden, der morgens auf ihn aufpasste, wenn wir nicht da waren. Jemanden, der Mini-Ment versorgte, herzte und liebte.

Sollte es so jemanden nicht geben, würde sie nicht mehr arbeiten. Unsere kleine Rübe ging einfach vor. Wie wir dann jemanden für diese Aufgabe fanden, dazu später mehr. Jetzt wird es erst mal Zeit für eine kleine Übersicht, wie eigentlich ein Tag in unserem neuen Leben aussah. Erleben Sie es mit und stellen Sie Ihren Wecker auf:

0 Uhr: Der Mini-Ment schrie in seinem Bettchen und hatte eindeutig Hunger! Schatzi holte ihn zu uns ins Bett und stillte ihn. Dann legte sie ihn zwischen uns. Da schlief er gleich wieder ein, nach einem Mordsbäuerchen. Schatzi hatte ihn dabei im Arm und ich frage mich noch heute, wie sie so einschlafen konnte. Ob sie jemals in ihren Armen wieder etwas fühlen wird?

2 Uhr: Der Mini-Ment erinnerte sich an das, was er um 0 Uhr gemacht hatte und wiederholte die Szene. Schatzi stillte ihn. Ich schlief selig daneben.

4 Uhr: Siehe 0 Uhr und 2 Uhr. Dazu stand ich auf, denn ich musste ins Bad und mich fertig machen für den Weg zur Arbeit. Mini-Ment nuckelte beide „Tröge" leer und schlief wieder ein, nebst Schatzi. Ich gab mir alle Mühe, besonders leise zu sein. Man kennt das ja morgens, wenn man aufwacht: Das Hirn gibt die Befehle: „Steh auf, geh ins Bad, putz dir die Zähne!" Und der Körper antwortet: „Wer? ICH?" Gegen 4 Uhr 20 verließ ich unser Haus und Schatzi und Mini-Ment mussten bis zum Mittag auf meine wertvolle Hilfe verzichten.

6 Uhr: Schatzi und Mini-Ment standen auf. Nach erfolgreicher Stillung kam er angezogen mit ins Wohnzimmer, ein Stockwerk unter dem Schlafzimmer. Hier kam er in sein Laufgitter – die Fußbodenplatte des Laufgitters war auf halber Höhe angebracht. Hier lag er auf dem Rücken und guckte auf die Dinge, die wir direkt darüber an der Decke angebracht hatten: Luftschlangen, die

mit Klebefilm befestigt von oben herabhingen und sich leicht hin und her bewegten.

8 Uhr: Schatzi hatte sich Frühstück gemacht (Brot und Milch auf Lunge), dann rief sie mich bei der Arbeit an und sagte, dass alles in Ordnung war. Das war für mich immer ganz wichtig – auf ihren Anruf im Studio hatte ich den ganzen Morgen gewartet.

Bis etwa **13 Uhr:** Schatzi und Mini-Ment blieben zu Hause. Mini-Ment schlief zwischendurch auf der Terrasse in seinem Kinderwagen. Bei der kalten Luft schlief er schön eingemummelt besonders gut. Schatzi kümmerte sich um das Mittagessen.

Ab **13 Uhr:** Ich kam mit unserem Auto nach Hause (das hatte ich am frühen Morgen mitgenommen) und umarmte erst mal meine kleine Familie! Nach wenigen Minuten stellte ich dann fest, dass es die Familie unseres Nachbarn war und fuhr einfach ein Haus weiter.

14 Uhr: Ich hatte mit Schatzi und Mini-Ment hervorragend gegessen und bespaßte ihn ganz kräftig. Schatzi nutzte die Gelegenheit und fuhr mit dem Wagen zum Einkaufen. So hatte ich den Kleinen eine Zeit für mich allein, was mich auch immer ein bisschen verunsicherte. Ich wusste ja nicht, ob ich alles richtig machte, und rechnete jeden Moment mit einer Situation, der ich nicht gewachsen war. Anfangs war dies eindeutig das Windelnwechseln. Beim allerersten Mal brauchte ich locker vier Waschlappen und verlor drei Kilo durch Schwitzen! Er musste ja richtig ausgezogen werden und würde wahrscheinlich jeden Moment auseinander brechen. Ich brauchte nur einen falschen Handgriff zu machen! Dieser Fall trat jedoch nie ein.

15 Uhr: Sehr müde ging ich erst mal zwei Stunden

schlafen – denn morgens um vier aufzustehen machte doch irgendwann schläfrig. Schatzi versorgte derweil den kleinen Mann. Er hatte schon jetzt ein besonderes Merkmal: sehr große Füße und sehr große Hände. Wir hatten ihm zur Ablenkung und zur Entwicklung ein Gestell gekauft, unter das wir ihn legten. Daran hingen verschiedene Holzspielzeuge, nach denen er greifen sollte. Als wir dies unserer Kinderärztin erzählten, riet sie uns übrigens sofort, das Ding wieder abzuschaffen. Er könnte damit jetzt noch überhaupt nichts anfangen, da Säuglinge alles mit dem Mund „ertasteten" und nicht mit den Fingern. Deswegen also führte Mini-Ment alles Ess- und nicht Essbare immer gezielt zum Mund! Das Ding kam erst mal weg – und sein Hauptspielzeug blieb der Schnullerersatz. Der kleine Greifling in Form eines Stoffelefanten mit Rüssel zum Nuckeln.

17 Uhr: Ich stand wieder auf und beschloss, Schatzi ein Denkmal zu bauen oder eine Kathedrale. Wie hielt sie das bloß aus, immer wach zu bleiben und kaum zu schlafen? Unser Mini-Ment beschäftigte sie rund um die Uhr. Wenn er mal schlief, nutzte sie die Gelegenheit für Hausarbeit, Bürokram oder ähnliche angenehme Dinge. Ich verzog mich für zwei Stunden in unser Büro, um die Show des nächsten Morgens vorzubereiten. Ich gab bei der Arbeit immer 100 Prozent! Zwölf Prozent am Montag, neun Prozent am Dienstag, sechzehn Prozent am Mittwoch …

19 Uhr: Die Arbeit war für mich beendet, gemeinsam nahmen wir ein kleines Abendbrot ein, und dann kam die Zeit des Zu-Bett-Gehens. Spätestens um **20 Uhr** waren wir alle wieder im Bett. Und was dann passierte: Siehe einfach unter „**0 Uhr**"! Und was die Kathedrale oder das Denkmal anging: bitte Schatzi nicht daran erinnern.

Vom ersten Urlaub zu dritt

Vor der Geburt unseres Mini-Ment war kaum was los bei uns – die Nachbarn hatten sich schon über die Ruhe beschwert. Nun gab es hitverdächtiges Mini-Ment-Geschrei, hin und wieder unterbrochen durch melodisches Pupsen (völlig im Takt) und Erbrechen auf das neue Kostüm der Nachbarin (völlig taktlos). Der Winter hatte sich mittlerweile verabschiedet und es kam ein wunderschöner, sonniger Frühling. Der Jahreszeitenwechsel war bei uns immer sehr leicht zu erkennen; so hing zum Beispiel auf unser Toilette eine Frühlingsrolle. Wir sahen nach dem Schmelzen des Schnees den Müll, den wir in Nachbars Garten gekippt hatten.

Und unsere kleine Rübe hatte das Alter von drei Monaten überschritten. Wir durften nun wagen, einen etwas längeren Urlaub mit ihm zu planen. Es gab ja mehrere Möglichkeiten, seinen Urlaub zu planen. Viele fuhren einfach auf die Autobahn und guckten, welche Ausfahrt gerade frei war. Andere fuhren auf einem Schiff mit – als tauber Passagier. Einmal versuchte ich es als Weltraumtourist, war aber geschockt über einen leeren Raumanzug im All. Darin fand ich einen Zettel „Komme gleich wieder!". Sollten wir unseren Urlaub vielleicht auf einer Sonnen-Insel verbringen? Ich war nicht so heiß darauf und Schatzi war sowieso braun gebrannt von der Feldarbeit. Ein Urlaubskatalog pries uns einmal eine verträumte Südsee-Insel an. Das Einzige, was wir dort trafen, waren drei „Greenpeace"-Aktivisten. Mir fiel ein, was ich Schatzi einmal zur Silberhochzeit schenken wollte: einen Flug nach Australien. Und zur goldenen Hochzeit wollte ich sie wieder abholen. Schlussendlich kam für uns dann doch nur unsere geliebte Schweiz in Frage – Luzern und der Vierwaldstätter See. Und es passte gut, denn wir wollten unseren vierten Hochzeitstag feiern, am 30. Mai. Doch: Wie kamen wir am besten dort hin? Auch wenn Mini-Ment noch gestillt wurde und man keine komplette Küche mitnehmen musste – es gab doch immer noch genug an Windeln und natürlich den Kinderwagen. So entschieden wir uns nach verschiedenen Podiums-Diskussionen für folgende Variante: Schatzi und Mini-Ment flogen von Hamburg nach Basel, und ich holte sie dort mit unserem voll gepackten Auto vom Flughafen ab. Das war ein großer Tag! Mini-Ment und seine erste große Reise! Vor dem Flug war Schatzi bei unserer Kinderärztin gewesen. Diese hatte ihr geraten, bei Start und Landung zu stillen, um für den Druckausgleich zu sorgen. Sollte das fehlschlagen und Mini-Ment schrie trotzdem, verschrieb sie Schmerzzäpfchen (auch für die umsitzenden Passagiere). Am Tag des Fluges schob Schatzi dann mit dem Kinderwagen und dem Babysitz über das Rollfeld direkt ans Flugzeug. Sie hatte extra ein Betäubungsgewehr mitgenommen – brauchte es aber nicht. Mini-Ment schlief sofort ein und wachte erst nach etwas über einer Stunde wieder auf; da war das Flugzeug bereits gelandet. Schatzi machte das zusätzlich glücklich. Sie hatte bei diesem Flug entspannte drei Kilo abge-

nommen (bis heute weiß ich nicht, wem). Ich persönlich war sonst jemand, der sehr gerne flog! Das hatte viel mit meiner Vergangenheit zu tun. So jobbte ich einmal als Countdownsprecher bei der NASA, war aber gefeuert worden (man wird sich doch wohl noch mal verzählen dürfen).

Wir fuhren schließlich zu dritt in unser Hotel am See, das „Rotschuo", wo uns ein mehr als herzlicher Empfang bereitet wurde! Wir waren für knapp zwei Wochen eingeladen. Das Einzige, was wir selbst zahlen mussten, waren Wohnen, Essen, Trinken, An- und Abreise. Wir genossen das sonnige Wetter mit bis zu 25 Grad. Im Frühling in der Schweiz keine Seltenheit. Heißer ist es da nur auf der Sonne mit vielen tausend Grad (im Schatten). Das Großartige in diesen zwei Wochen war der Besuch unserer Freunde am See. Mein Freund Kai Lorenz und seine Frau Heike hatten von uns so viel gehört über die Schweiz, dass sie beschlossen hatten, dort mit uns ein paar Tage zu verbringen. Heike war zu dieser Zeit schwanger (mit Len – so der Name ihres Sohnes). Und so zogen wir tagsüber zu fünft los, wanderten über die Berge, fuhren mit den Schiffen und verausgabten uns in den Shops der Luzerner Altstadt („Born to shop"). Mini-Ment wurde natürlich eingekleidet wie ein kleiner Schweizer. Abends war es immer eine besondere Situation für Schatzi. Sie blieb meistens mit Mini-Ment im Hotelzimmer, während ich mich um unsere Freunde kümmerte. Das war etwas, was nicht ganz einfach war. Denn natürlich wollte Schatzi auch gerne mit. Als stillende Mutter war das schwierig. Und unsere Freunde Heike und Kai waren nicht die Einzigen, die uns besuchten in dieser Mai-Woche am See. Als sie hörten, dass wir kommen, besuchten uns noch Mr Fabulous himself Steffen Volk („Der Womanizer"),

Hoteldirektor aus Arosa, und Katharina und Frank Kortüm – Empfangschefin und Küchenchef vom nachbarlichen Thuner See. Alle wollten unseren Mini-Ment sehen und konnten nicht fassen, wie groß er schon war.

Was sich in Schatzi und mir durch Mini-Ment verändert hatte, war auf jeden Fall eine ausgeprägte und unheilbare Lautstärke-Allergie. Hatte man mir mal ein Hörgerät angeboten mit den Stärken „Laut“, „Leise“, „Sehr leise“, und „Schatzi“ – vor Mini-Ment hatte ich dankend abgewinkt. Auch sonst war es früher bei uns sehr laut gewesen. Wollte ich mal meine Ruhe, musste ich in die Disko. Mit unserem kleinen Mann veränderte sich unser Hörverhalten schlagartig! Gingen wir die Straße mit seinem Kinderwagen entlang und er schlief darin, hätte ich am liebsten jeden Autofahrer gebeten, während des Vorbeifahrens den Motor abzustellen. Motorradfahrer hätte ich am liebsten sofort von ihren Maschinen geholt. Der Schlaf unseres Mini-Ment war uns heilig. Und wir hörten plötzlich alle Geräusche dreimal so laut; so kam es uns jedenfalls vor, wir waren superempfindlich! Und uns störten Geräusche, die uns vorher nie aufgefallen waren: das Knirschen von Schuhen auf Sand, Flugzeuge, Hundegebell, das Knistern der Geldscheine, wenn ich mir eine Zigarre anzündete – ständig standen wir auf und machten „Pssssst!“. Der Direktor unseres Urlaubshotels, Hans-Werner, war auch um Kinder immer sehr bemüht. Das gefiel uns natürlich sehr. So gab es unterhalb des Hotels, direkt am See, auch einen Streichelzoo mit allen möglichen Tieren. Dafür war unser Mini-Ment aber noch zu klein. Und selbst heute, wenn wir mit ihm in den Zoo gehen, interessiert er sich eher für die anderen Kinder als für die Tiere. So verlebten wir einen wunderbaren ersten Urlaub mit unserem kleinen Rübchen – und an unserem Hochzeitstag saßen wir am schönsten See der Welt mit unseren Freunden. Das erste Mal als kleine Familie.

Von Schatzis Plan, wieder arbeiten zu gehen, und dem Weg dorthin

Zurück aus der Schweiz wollte ich Schatzi mal nach der Meinung einer schönen Frau fragen – leider kannte sie keine. An dieser Stelle des Buches fragen Sie sich jetzt wahrscheinlich zu Recht: Wie hält es die arme Frau eigentlich mit diesem Mann aus? Ich gebe zu: Es ist nicht einfach. Zu meiner Entschuldigung muss ich allerdings einräumen: Ich sage oft: „Ja, bei uns zu Hause habe ich die Hosen an – vorausgesetzt, Schatzi hat sie mir vorher rausgelegt!"

Nun aber zurück zu unserer Heimreise aus der Schweiz und dem, was dann geschah. Schatzi flog mit Mini-Ment von Basel zurück nach Hamburg. Und genau wie beim Hinflug verlief alles reibungslos – sogar abreibungslos. Unsere kleine Rübe war im Juni jetzt vier Monate alt und Schatzi wollte im Juli wieder anfangen mit ihrem Job im Sender. Ich konnte mir nicht recht vorstellen, dass es ihr wirklich fehlte, morgens um halb vier aufzustehen. Aber das war auch kein Thema, über das wir stritten. Viele Männer streiten ja so oft mit ihrer Frau, dass man sie vorschlagen könnte für den Kriegsnobelpreis. Schatzi hatte von vornherein gesagt, sie wolle das Experiment wagen, wieder arbeiten zu gehen. Voraussetzung dafür aber war, dass

wir einen Menschen fanden, dem wir unseren Mini-Ment anvertrauen konnten. Es gab viele Modelle, die wir dafür im Kopf durchspielten, viele Erkundigungen, die wir dafür einholten. Unser Programmdirektor, selbst besohnt, gab uns die Telefonnummer von einer Firma, die mit Babysittern sozusagen „makelte". Man rief dort an und sie schickten einem so viele Sitter ins Haus, bis einer gefiel. So hatte er es seinerzeit auch gemacht und es hatte hervorragend geklappt. Ich rief Schwester Mechthild an, die wir bei der Geburt unseres Mini-Ment im Krankenhaus kennen gelernt hatten, und fragte sie, ob sie vielleicht eine ehemalige Schwester kannte, die für diese Aufgabe Zeit und Lust habe. Die Idee fand ich eigentlich ganz gut. Eine Schwester von der Babystation eines Krankenhauses hatte ja genug Ahnung und Erfahrung, um bei unserem Sohn alles richtig zu machen. So hörte Mechthild sich für uns um, aber das Ergebnis war gleich null. Während wir uns all diese Gedanken machten, machte Mini-Ment schnelle Fortschritte. Seine vorerst rotblonden Haare verwandelten sich langsam in eindeutig hellblonde Haare. Immer leichter fiel es ihm, in der Bauchlage den Kopf zu heben, und er lauschte mir andächtig, wenn ich auf einem kleinen Glockenspiel Lieder klöppelte wie „Hänschen Klein", „Hänsel und Gretel" oder „Sex and Drugs and Rock 'n' Roll". Langsam akzeptierte er einen Schnuller im Mund anstelle seines kleinen Elefanten-Greiflings. Er hatte uns das erste Mal angelacht! Das war ein Gefühl wie alle aufgehenden Sonnen dieser Welt. Und immer öfter artikulierte er Laute und Silben, die vielleicht einmal in der deutschen Sprache münden würden. Ansonsten konnte er aber auch schreien, dagegen wirkte der Klang von Fingernägeln auf einer Schultafel direkt beruhigend.

Allerdings machte er davon recht selten Gebrauch. Bei Mini-Ment ging es auch los mit den ersten Zähnen. Man sah in seinem ansonsten zahnlosen Mund die ersten kleinen weißen Flecke, die sich oben und unten in seinem Kiefer ausbildeten. Einen Besuch beim Zahnarzt hielt Schatzi aber für völlig übertrieben. Ich gehe überraschenderweise sehr ungern zum Zahnarzt. Das Schlimmste, was Ihnen beim Zahnarzt passieren kann, ist, wenn er Ihnen vorrechnet, was er gerade draufzahlt – während er bohrt.

Nun aber zurück zu unserer Suche nach einem geeigneten Babysitter! Wir hatten alles durchdacht, was es so gab – bis Schatzi der Einfall kam, der ihr Tür und Tor öffnete für den Weg zurück in die Arbeit. Die Lösung war: ihr Vater, mein Schwiegervater, Mini-Ments Großvater Pete! Ich kannte keinen bescheideneren Mann als ihn – und keinen, der besser geeignet war als er! Er hatte selbst fünf Kinder großgezogen. Schatzi war eines davon gewesen. Er war etwas über 60, sehr sportlich und hatte als Frührentner vielleicht Zeit für diese verantwortungsvolle Aufgabe. Wir Luden – pardon, wir luden ihn und seine Freundin Sylvia ein, um beiden unsere glorreiche Idee vorzustellen. Es gab an diesem Tag im Juni Kaffee vom Fass, leckeren Kuchen und viel Gesprächsstoff. Das Ergebnis war eindeutig: Ja! Opa Pete erklärte sich bereit, ab Juli morgens um 20 nach 4 Uhr zu uns zu kommen und bis etwa 11 Uhr auf Mini-Ment aufzupassen. Dann würde Schatzi wieder zu Hause sein müssen. Dass aus diesem „Babysitten“ eine der schönsten Opa-Enkel-Beziehungen werden sollte, werden Sie später in Ihrem neuen Lieblingsbuch (diesem) nachlesen.

Natürlich fragen Sie sich jetzt, was denn mit meinen Eltern war. Mein Vater Jox, sehr beliebter Musiker im

James-Last-Orchester, war Ende 70. Da war ihm nicht zuzumuten, so früh aufzustehen und sich um seinen Enkel zu kümmern. Auch wenn er ihn über alles liebte. Und meine Mutter Irmgard, die Großmutter, hatte zu viele gesundheitliche Probleme, um diesen Job 100-prozentig zu übernehmen. Aber auch sie war natürlich mehr als stolz, Mini-Ments Oma zu sein! So schrieb sie uns Folgendes auf: „Wir waren vor der Geburt des Mini-Ment drei Nachbarinnen, die hin und wieder gemeinsam frühstückten! Thema Nummer eins waren die nicht vorhandenen Enkelkinder. Bei einer neuen Frühstücksrunde konnte ich dann voller Stolz berichten: Bei uns hatte es geklappt – wir wurden Großeltern! Der Moment, der mich am meisten rührte, war, als Schatzi sagte, in ihr schlügen nun zwei Herzen. Nun würde auch ich bald, gefragt oder eher ungefragt, alle nerven mit Containern voller Bilder meines so heiß ersehnten Enkelsohnes! Was war das für ein Glück für mich und den stolzen Großvater: der Mini-Ment!“

Von einer bösen Überraschung und den Folgen

Es gab ja so viele herrliche kleine Bosheiten! Wie reagierte zum Beispiel der Nachbar, wenn man morgens um vier für ihn 60 Taxen bestellte? Oder der beliebte Scherz, um Computer-Freaks zu veralbern: „Wie viel Computer-Experten braucht man, um eine Glühbirne auszuwechseln? 100! Einer dreht und 99 klicken die Fehlermeldungen weg!" Das wäre endlos fortzusetzen, wenn einem nicht selbst zu Hause eine der größten Katastrophen passiert wäre, die man sich vorstellen kann. Auch wir blieben davon nicht verschont.

Wir hatten, kurz vor Schatzis Rückkehr in ihren Job beim Sender, noch einmal Urlaub gemacht, in der Schweiz. Ich fand das früher immer sehr einfallslos, wenn Leute stets an denselben Ort fuhren. Nun machten wir es selbst. Aber hier wussten wir, dass wir bekamen, was wir suchten und brauchten: Ruhe, tolles Wetter, Atmosphäre und Freunde. Dieses Mal waren wir nur für acht Tage gefahren, und wir hatten einen Teil unserer Familie mitgenommen. Schatzis (mit Paul schwangere) Schwester Silke war dabei, ebenso ihr Mann Georg, ein Schrank von einem Mann und ein lustiger Typ. Wir fuhren Anfang Juli. Und nach unserer Rückkehr würden Schatzi noch ein paar Tage bleiben, ehe sie wieder anfing zu arbeiten. Dachten wir. Doch wie fangen furchtbare Geschichten an? Meistens mit den Worten: „Unser Nachbar war doch immer so ein unscheinbarer Typ!" oder: „Sie haben Glück! Ein Passagier hat gerade seine Reise gecancelt!" Gerne aber auch mit: „Eine Unterschrift – und Sie sind alle Sorgen los!" Ähnlich war es auch in diesem Fall.

Am Tage unserer Rückkehr war in unserem Haus nichts

mehr so, wie es mal war. Mini-Ment, Schatzi und ihre Schwester sollten das zuerst spüren. Sie fuhren am Ende unseres wunderschönen Urlaubs mit dem Zug nach Hause und waren vor Georg und mir dort. Wir kamen mit dem Auto nach. Normalerweise war ich jemand, der mehr vergessen konnte, als er überhaupt wusste. Aber was in den folgenden Momenten passierte, werde ich nie vergessen. Wir waren auf der Rückreise etwa kurz vor Hannover, noch zwei Autostunden von Hamburg entfernt, als mein Handy klingelte. Schatzi war dran und klang ziemlich normal bis auf das, was sie sagte: „Wir sind jetzt hier und unser Haus ist im Eimer! Aber reg dich bitte nicht auf!" Was war passiert? Unser Haus bestand aus einem Keller, einem Erdgeschoss und einem Obergeschoss. In diesem Obergeschoss gab es zu dieser Zeit ein kleines Büro, unser Schlafzimmer und ein Badezimmer. In diesem Badezimmer war während unser Abwesenheit der Wasserkasten der Toilette geplatzt und einige Tage lang fröhlich das Wasser rausgelaufen. Obwohl meine Eltern und der Nachbar alles vorher regelmäßig kontrolliert hatten, die Post reingeholt (geöffnet und beantwortet) hatten, blieb dieses Inferno in den letzten Tagen unbeobachtet. Das Erste, was Schatzi machte, als sie mit Silke vor den Unmengen Wasser in unserem Haus stand, war, die Feuerwehr zu rufen. Es war ein milder Juli-Abend, es war gegen 20 Uhr 30 abends und ich bewundere bis heute, wie Schatzi so ruhig bleiben konnte. Sie ging nicht ins Haus, denn sie dachte sofort an den Strom, der möglicherweise noch im Haus zusammen mit dem Wasser floss. Bitte stellen Sie sich das einmal vor! Sie kommen aus ihrem Urlaub nach Hause und Ihr ganzes Haus sieht aus wie bei den Dreharbeiten zu „Waterworld 2"! Nichts gegen ein Haus am See

– aber ein See im Haus? Und dann war da natürlich noch Mini-Ment! Fünf Monate alt, wie er jetzt war, war klar: Wir mussten raus aus unserem Haus. In dieser Wasserwüste war kein Wohnen mehr möglich. Das wünschte man wirklich nicht seinem ärgsten Freund: Das Parkett des Wohnzimmers sah aus wie ein Minigolf-Hindernisparcours, alles war hochgequollen und bildete üble Stolperfallen. In den Schubladen der Küche stand das Wasser. Unser Sofa, mit Seide bezogen, war fast überall verschimmelt. Die Esstischplatte war geplatzt. Die Stoffbezüge der Holzstühle angegammelt. Rost von den Eisenträgern, die mit Holz ummantelt waren, war die Wände heruntergelaufen, über unsere Bilder. Ein antikes Buch über mein größtes Hobby, Kardinal Richelieu aus Frankreich und seine Zeit, war komplett aufgequollen. Der schöne rote Leder-Einband war total hin. Im Keller schwammen die Akten mit unseren gesamten Unterlagen (Steuer, Haus, Dokumente aller Art und vieles mehr). Auch die Bücher und Klamotten im Keller waren triefnass, unleserlich und untragbar geworden.

Was aber am allerschlimmsten war, waren die unersetzbaren Dinge des Lebens, die dem Wasser zum Opfer gefallen waren. Fotos und ihre Negative, die zusammenklebten; die Liebesbriefe, die ich mir selbst schrieb, und nicht zuletzt auch das Tagebuch, das Schatzi angelegt hatte mit den Ultraschall-Bildern unseres Mini-Ment. Alles Mus und Grus. Am Abend der Katastrophe, am Abend unserer Heimkehr, passierte dann noch mehr. Die Feuerwehr pumpte das Wasser aus unserem Haus. Wir verständigten sofort die Versicherungen (waren wir überhaupt gegen Leitungswasserschäden versichert? Ja! Uff.). Eine Firma baute Maschinen auf im Haus gegen die immens hohe Luftfeuchtigkeit. Dazu kam natürlich noch der fiese Geruch von Wasser und Schimmel, etwa so wie das Aftershave unseres Chefs („Wasserschaden No. 4"). Wo sollten wir drei denn nun hin? Ich rief meine Mutter an und fragte, ob wir mit Sack und Pack erst mal zu ihr und meinem Vater ziehen konnten. Natürlich war sie sehr geschockt – nicht so sehr wegen der Anfrage, sondern wegen dem, was uns da passiert war. Und so ließen wir in dieser Juli-Nacht unser Haus allein und zogen mit unserem bisschen Gepäck bei meinen Eltern ein. Mini-Ment hatte das gesamte Unglück übrigens komplett verschlafen.

Von Leuten, die mit einem mächtigen Schaden herumlaufen

Wie sollte es nun mit unserer kleinen Familie weitergehen, nachdem unser Haus derart unter Wasser gesetzt war? Sie sind garantiert so gespannt wie die Haut auf meinem Gesicht.

Wir waren bei meinen Eltern eingezogen. Sie wohnten gute 15 Autominuten von unserem Haus entfernt – leidenschaftliche Autofahrer schafften den Weg auch in zehn Minuten (an diesem Satz erkennen Sie übrigens den leidenschaftlichen Autofahrer: „Wetten, ich schaff's noch bei Rot?"). Nun hatten meine Eltern natürlich einen völlig anderen Tagesablauf als wir. Das war erst einmal schwer zu koordinieren! Schatzi hatte noch frei und ich musste ja schon wieder um 4 Uhr morgens aufstehen für die Morningshow unseres Senders. Meine Eltern hatten uns ihr Schlafzimmer zur Verfügung gestellt. Mini-Ment schlief direkt neben unserem Bett in seiner Tragetasche aus dem Kinderwagen. Seine Zeit zum Wachwerden war jetzt immer so gegen 6 Uhr – in unserem Urlaub hatte er das erste Mal durchgeschlafen. Der Tag meiner Eltern begann meistens nicht vor 9 Uhr. Was wir jetzt vor uns hatten, waren die Gespräche mit der Versicherung für Hausrat und Gebäude. Dazu mussten wir unbedingt Schatzis Neustart in die Arbeit um eine Woche nach hinten verlegen. Schatzi prophezeite schon zu diesem Zeitpunkt völlig richtig: Die Wiederherstellung unseres Hauses würde mindestens ein halbes Jahr dauern. Und sie hatte sich vorgenommen, das alles möglichst stressfrei über die Bühne zu bringen. Und das musste von uns gemacht werden: Alle Sachen waren aus dem Haus zu schaffen. Jedes Stück, egal ob heil oder kaputt, musste aufgeschrieben und in Säcke oder Kisten gepackt werden. Es musste alles sortiert werden nach brauchbar und rettbar oder für immer verloren. Möbelstücke mussten überprüft werden, ob es sich lohnte, sie zu restaurieren, oder ob eine Neuanschaffung günstiger war. Dazu trafen wir uns so gut wie jeden Tag mit dem Sachverständigen der Versicherung. Er kam stets Hand in Hand mit dem Bauleiter, der die Arbeiten zur Wiederherstellung übernehmen sollte. Die beiden waren ein gutes Team (und hier war „Team" nicht die Abkürzung für „Toll, ein anderer machts"). Wir hatten unglaubliches Glück, dass es so ein heißer und sonniger Juli war. So konnten wir viele Dinge aus dem Haus trocken in unserem Carport neben dem Haus lagern. Mein Puls schnellte hoch auf 23, wenn ich nur daran dachte: Hier würden wir erst mal nicht mehr wohnen können. Und es war klar: Wir konnten auch bei meinen Eltern nicht auf Dauer bleiben. Aber wozu hatte man eigentlich Nachbarn? Und wir hatten sehr gute Nachbarn! Ging ich zu ihnen, sagten sie zum Beispiel: „John! Natürlich kannst du den Rasenmäher ausleihen – vorausgesetzt, du bleibst damit auf unserem Grundstück!" Die Nachbarin, die neben uns wohnte, hatte einen tollen Vorschlag. Sie kannte eine Familie, der Ähnliches passiert war wie uns. Diese Familie war in eine teilmöblierte Wohnung gezogen direkt neben dem großen Einkaufszentrum in unserer Nähe. So fuhr ich dorthin, um mir eine dieser Wohnungen anzusehen. Während ich das machte, waren die Arbeiten an und in unserem Haus von Schatzi zu planen.

Wenn Schatzis Schwester Silke oder beide Großväter auf Mini-Ment aufpassten und mit ihm in seinem Kinderwagen spazieren gingen, listete Schatzi jeden einzelnen Gegenstand aus unserem Haus auf. Der Sachverständige der Versicherung wollte am Ende der Auflistung (und das waren gut 40 Seiten ohne Vorwort!) jedes Stück sehen und seinen Haken daran haken. Ich hatte für Schatzi ein Medikament zur Beruhigung besorgt – sie wollte es aber nicht. Warum nicht? Allein der Beipackzettel mit den Nebenwirkungen umfasste 200 Seiten und war verfasst von Stephen King. So bewunderte ich sie abermals, mit wie viel Elan sie an diese nicht immer erfreuliche Arbeit ging. Es war streckenweise ganz furchtbar, dem Wasser zum Opfer gefallene, persönliche Sachen zu finden und sie in den Sack mit der Aufschrift „Müll" zu tun. Was uns bei dieser ganzen Aktion sehr half, war unser Mini-Ment. Sein Lachen, sein immer fröhliches Gemüt ließen uns den großen Schaden sehr viel besser verkraften. Ein Blick in sein Gesicht, und wir hatten das Gefühl: „Alles wird gut." Zwischen all dem Chaos ging Schatzi immer wieder raus, um ihn zu stillen. Mit Glück schlief er dann auch tagsüber mal drei Stunden am Stück. Inzwischen hatte Schatzi mit unserem Chef gesprochen und ihn gebeten, etwas später wieder in den Job einsteigen zu dürfen. Das war allerdings sehr schwierig, denn ihre Vertretung stand nur noch für eine absehbare Zeit zur Verfügung. Und Sie wissen ja: Unser Chef war ein ganz besonderes Exemplar seiner Gattung! Stritt man mit ihm, war es ihm oft völlig egal – meistens wachte er nicht mal auf. So beschloss Schatzi, wieder mit der Arbeit anzufangen, wenn das Gröbste geregelt war und wir in die teilmöblierte Wohnung gezogen waren. Ich hatte sie mittlerweile für uns angemietet. Alles ging nun ziemlich schnell, denn die Wohnung im vierten Stock war frei und sofort bezugsfertig.

Es war ein sehr merkwürdiges Gefühl, in dieses „Exil" zu ziehen. Die Wohnung bestand aus einem Schlafzimmer, einem Kinderzimmer, einem Bad, Küche, Wohnzimmer und einem Balkon, der an der einen Seite in eine Art Wintergarten überging. Bis auf Küche und Bad war durchgehend Parkett gelegt. Diese Wohnung war zwar schön hell – aber sie hatte auch einen entscheidenden Nachteil: Sie war sehr laut! Sie lag direkt oberhalb der Straße, die zum Einkaufszentrum führte, und da herrschte natürlich reichlich Verkehr. Und zu jeder Tages- und Nachtzeit fuhren Polizeiwagen mit lautem Martinshorn unten vorbei. Das sollte zum Problem werden, wenn Mini-Ment gerade mit Müh und Not draußen auf dem Balkon eingeschlafen war und ein lautes „Tatütata" alle Anstrengungen sofort wieder zunichte machte. Aus dem Kinderzimmer hatten wir sehr schnell einen Abstellraum gemacht für die Kartons mit unseren übrig gebliebenen Sachen. Mini-Ments Bett war in unserem Schlafzimmer aufgebaut. Im Wohnzimmer hatten wir einen Schrank bestückt mit geretteten Bildern, das schaffte ein bisschen Heimatgefühl. Ansonsten stand da noch ein kleiner Fernseher, ein Esstisch mit drei Stühlen, ein Sofa (schlumpfblau) mit Sessel (ebenfalls schlumpfblau), ein Glastisch und ein Schreibtisch für unseren Computer. Der Computer hatte den Wasserschaden zum Teil überlebt, Festplatte und Drucker waren gerettet. Als wir in die Wohnung gezogen waren, hatten wir zumindest vorläufig ein neues „Zuhause" – von hier aus konnte man weitersehen und vor allem erst einmal etwas zur Ruhe kommen. Und ich war wieder mal mehr als froh, mit Schatzi verheiratet zu sein. Erst neulich fragte sie mich, ob ich sie noch liebe, und ich sagte zu ihr: „Deine Augen glitzern wie funkelnde Sterne, deine Haare leuchten wie der Mond, der im hellen Schein den See erstrahlen lässt, und deine Stimme klingt wie die Musik von tausend Engeln!“ Und als sie mir sagte, dass ich das aber schnell parat hatte, sagte ich: „Ja – diese Zeilen schrieb ich gerade unserem Chef!“

Vom ersten Hochstuhl und der Faszination einer Waschmaschine

Mir war in unserem „Exil" aufgefallen, wie weit die Generationen auseinander drifteten! Der Nachbarsjunge hatte uns besucht. Er sah meine Bücher und konnte nicht fassen, dass sich jemand die Mühe gemacht hatte, das alles auszudrucken. Natürlich hatte ich den geretteten Computer nun in unserem neuen Wohnzimmer in Betrieb. Das war etwas, was wir eigentlich überhaupt nicht mochten. Ein Computer gehörte nicht in ein Zimmer, in dem man sonst auch zusammen mit Mini-Ment aß oder langsam anfing zu spielen. Ein guter Freund hatte mir gerade erklärt, woran ich merken könne, dass ich alt werde. Er sagte: „Du wirst dann alt, wenn du an deinem Computer die Moorhühner nicht abschießen musst, sondern füttern!" Bis dahin war allerdings noch ein bisschen Zeit.

Unser Mini-Ment hatte unsere neue Wohnung schon lieb gewonnen, denn er hatte schnell ein paar Orte gefunden, die ihm richtig Spaß machten! Da war zunächst unser Bett im Schlafzimmer. Hier warfen wir ihn zärtlich auf die Bettdecke und zogen sie so unter ihm weg, dass er von einer Seite zur anderen rollte. Er quietschte dabei vor Vergnügen! Da er langsam schon hochkommen konnte, zog er sich mit seinen Händen von unserem Bett aus an seinem Holzbett daneben hoch und stand auf seinen wackeligen Beinen. Das liebte er! Dann war da natürlich das Badezimmer. Hier stand eine Waschmaschine, die Schatzi als Erstes neu besorgt hatte. Mit unseren Mini-Ment-Klamotten, den ganzen Waschlappen und Handtüchern zum Saubermachen beim Windelwechseln, hatten wir ja fast jeden Tag einen enormen

Wäscheberg. So fand unser kleiner Sohn es mehr als spannend, über den Flur in das Badezimmer zu robben (denn Krabbeln wollte er nicht), sich an der Waschmaschine aufzurichten und an den Knöpfen zu spielen. Jeder Knopf gab ein anderes, buntes Licht, und das machte ihm einen Heidenspaß! In der Küche gab es ein großes Fenster mit einer breiten Fensterbank! Hier kletterte er am liebsten hoch wie der berühmte chinesische Bergsteiger „Hing am Hang". Dann stand er minutenlang am Fenster, schaute auf die Autos, die sich unten vorbeischlängelten, und rief laut „Bah!". „Bah!" ist auch heute noch sein Ausdruck für Autos. In der Küche stand auch sein Feuerwehrauto, das uns unsere Freunde Sylvie und Frank aus Amerika mitgebracht hatten. Ein eindrucksvolles, rotes Feuerwehrauto aus Blech. Es war so groß, dass ein kleines Kind darin sitzen und fahren konnte. Das nächste Highlight in der Wohnung war unser Schrank im Flur (frühes IKEA). Ich war ganz stolz, denn ich hatte diesen Schrank einmal selbst zusammengewerkelt. Und ich hatte nur einen Fehler eingebaut, den man bis heute nicht sieht, wenn man ihn nicht weiß! Sollten Sie uns einmal besuchen kommen, sind Sie als Leser dieses Standardwerkes der Kinderliteratur ab sofort im Vorteil. Ich verrate Ihnen jetzt, wo der Fehler ist (wer es nicht wissen will, blättert 1000 Seiten weiter oder hält die Luft zehn Minuten an): Ich hatte die vordere Frontplatte falsch herum aufgeschraubt, so dass Sie jetzt Noppen sehen, die normalerweise nach innen gehörten! Aber ich glaube, mindestens einer Milliarde Chinesen ist das ebenso egal wie Ihnen und mir. Was unser Mini-Ment mit diesem Schrank am liebsten anstellte, war das Öffnen der untersten Schublade (von insgesamt fünf). Er robbte aus dem Wohnzimmer an diesen

Schrank im Flur und zog mit seiner kleinen Hand am Griff, so dass sich die Schublade zaghaft öffnete. Natürlich stand einer von uns immer daneben. Wir hatten ja Angst, dass er sich bei diesem Manöver die Finger einklemmen könnte. Im Wohnzimmer baute ich auf dem Glastisch gerne Häuser aus Spielkarten. Das Haltbarkeitsdatum war aber derart kurz, dass es nirgendwo eine Erwähnung fand. Die nächsten Höhepunkte dieser Wohnung auf Zeit waren das blaue Sofa, das er gerne erklomm, ebenso wie der Fahrstuhl des vierten Stockwerkes, in dessen Spiegel er sich so gerne sah. Ich persönlich hatte mit Spiegeln meine Probleme. Neulich kam ich in unser Badezimmer und dachte: „Nanu? Ein Picasso?" Es war aber nur mein Spiegelbild. Berühmt auch die Geschichte des Mannes, der vor dem Spiegel stand und sagte: „Spieglein, Spieglein an der Wand – wer ist der Schönste im ganzen Land?" Und der Spiegel antwortete: „Geh mal zur Seite – ich seh ja nichts!" Aber wer hört schon auf seine Inneneinrichtung! Schatzi war eine Zeit lang so eitel, dass sie sich erst eine halbe Stunde schminkte, ehe sie in den Spiegel guckte. Aber was soll's! Spiegel machen nur dann wirklich einen Sinn, wenn Sie sehr gern fernsehen. Dann stellen Sie einen Spiegel auf den Fernseher, und – schwups – sehen Sie Ihre Familie mal wieder! Unser Mini-Ment war schon wieder ein ganzes Stück gewachsen, und meine Mutter konnte feststellen: Er war jetzt schon größer als ich in seinem Alter. Ich habe es heute satt, bei meiner Größe von 1,96 dauernd gefragt zu werden: „Spielen Sie Basketball?" Ich antworte dann immer: „Nein! Und Sie? Spielen Sie Minigolf?" Was unser entzückender Mini-Ment ebenfalls sehr liebte, war sein großes Buch in unserem Wohnzimmer. Dieses Buch mit großen Pappseiten zeigte auf wenigen dicken Seiten einen Zirkus, einen Zoo, einen Bahnhof, einen Flughafen, eine winterliche Landschaft mit einer Tankstelle und eine Straßenszene mit vielen Autos und Menschen. Dieses Buch las Schatzi stundenlang mit ihm auf dem Fußboden. Er konnte gar nicht genug davon bekommen. Ganz selten war er noch in seinem Laufgitter, das wir im Wohnzimmer aufgebaut hatten. Meistens robbte er von außen an sein Laufgitter heran, zog sich an den Stäben hoch und wackelte dabei halb bis ganz aufgerichtet hin und her. Wir sahen, wie er unbedingt lernen wollte zu laufen! Noch kurz vorher hatte ich voller Andacht

seine nackten, großen Füße angeguckt und zu Schatzi gesagt: „Nun schau dir diese Füße an! Sie sind noch völlig unverbraucht, nicht einen Meter gelaufen!" Schatzi kaufte ihm jetzt „Stoppersocken". Socken mit Noppen darunter, damit er laufen konnte und nicht nonstop dabei hinfiel. Auch die ersten Laufschuhe bestellte Schatzi, Größe 21. Sie waren ganz weich. Mini-Ment konnte damit nicht ausrutschen.

Noch viele andere, einschneidende Dinge sollten in dieser Zeit passieren, in der unser Haus langsam wiederhergestellt wurde nach dem Wasserschaden. Schatzi hatte ihren ersten Arbeitstag im Sender – und wurde natürlich von allen Kollegen aufs Allerherzlichste empfangen. Als ich Schatzi vor sieben Jahren das erste Mal gesehen hatte, hatte ich gedacht: „So etwas willst du auch haben – und sei es nur, um die Kollegen zu erschrecken!" Nun war sie wieder da und sofort voll dabei. Und das nach einem guten halben Jahr Babypause und unserem monströsen Wasserschaden! Dieses war auch zugleich der Anfang von Opa Petes Job als Babysitter. Nun musste er tatsächlich in der Woche morgens um Punkt 20 nach vier bei uns an die Tür klopfen, um auf Mini-Ment aufzupassen und ihn mit Schatzis Muttermilch aus der Flasche zu füttern. Diese „pumpte" sie immer am Abend vorher ab mit einem Gerät, das mich sehr an die Herz-Lungen-Maschine unseres Chefs erinnerte. Ich wusste noch ganz genau – einmal war er ganz trocken! Da hatte ich ihn aus Versehen an den Entsafter angeschlossen. Aber zurück zum Fall. Schatzi hatte also schon sehr rechtzeitig einen großen Vorrat an Milch „abgepumpt" und in Tüten eingefroren. Hierauf konnte Opa Pete zurückgreifen. Es klappte übrigens ganz vorzüglich mit Mini-Ments Opa.

Wenn die kleine Rübe morgens wach wurde, wurde er von seinem Opa gewickelt, angezogen und gefüttert. Dann ging es ab in den Kinderwagen. Opa Pete ist ein echter Naturbursche und ging mit Mini-Ment bei Wind und Wetter spazieren. War Mini-Ment das erste Mal gegen 6 Uhr morgens wach, wurde er um 9 Uhr noch einmal müde und schlief dann etwa eine Stunde. Sein Opa bespaßte ihn dann noch bis 11 Uhr, und dann kam ja Schatzi auch schon wieder von der Arbeit nach Hause. Im August war es dann langsam Zeit für Schatzi, Mini-Ment abzustillen. Er bekam seinen ersten Bananenglitsch (gemuste Banane). Die aß er zuerst skeptisch mit verzogenem Mund, aber dann doch mit sichtlich großem Vergnügen und großem Appetit. Und schließlich machten wir ihm seinen ersten Brei. Mit Flocken, einem frisch geriebenen Apfel, einer Matschbanane und heißer Milch. Diesen Brei bekam er morgens und abends. Am Nachmittag gab es ähnliche Zutaten. Allerdings ohne Milch, nur mit Wasser und etwas Öl. Sein Getränk kam ebenfalls aus einer Nuckelflasche. Es war 1 Prozent Bio-Apfelsaft und 99 Prozent Wasser (die Zahlen 1 und 99 erinnern mich übrigens an einen katholischen Sex-Film, den ich einmal sah: ein Prozent Sex und 99 Prozent Reue). Wenn Mini-Ment nun schon so gut wie feste Nahrung zu sich nahm, dann sollte er in Zukunft auch bei uns mit am Esstisch sitzen. So kaufte Schatzi ihm seinen ersten Hochstuhl, den mein Vater ihm zusammenbaute. Da saßen wir nun das erste Mal zusammen am Esstisch. Das war ein unvergesslicher Moment. Und unser Mini-Ment hatte einen seiner vielen Throne eingenommen.

Von vielen Spaziergängen und wie man dabei zu weit geht

Kennen Sie das auch? Mit Musikern hat man doch nichts als Probleme. Da bestellt man für eine Feier ein Trio, und dann kommen da gerade mal drei Mann. Aber warum sollten wir überhaupt Musiker in unsere Wohnung bestellen? Wir hatten doch unseren Mini-Ment! Wir besorgten ihm ein Musikinstrument. Ein kleines Kinderkeyboard, auf dem er in die Tasten hauen konnte ,so heftig er wollte. Und er spielte wie Stevie Wonder – auch mit zehn Fingern. Das Ergebnis war allerdings derartig schräg („Schräg lass nach!"), dass wir wahrscheinlich nach wenigen Wochen Spielen die Nachbargrundstücke hätten günstig erwerben können. Das kleine Kinderkeyboard interessierte ihn allerdings immer nur wenige Minuten. Dann strebten seine Gedanken wieder zu anderen Aktionen, die er in Angriff nehmen konnte. Wir hatten innen über seinem Laufgitter ein Mobile mit kleinen Schafen angebracht, das Musik machte beim Drehen („Guten Abend, gute Nacht!" Oder war's „Hell's Bells"?). Das faszinierte ihn ebenso wie das Herumrobben zwischen den Stühlen unseres Esstisches. Mit Stühlen kannte ich mich sehr gut aus. Das Team meiner behandelnden Psychiater sagte sehr oft zu mir: „Wenn Sie jetzt bitte zwischen den Stühlen Platz nehmen wollen!"

Unsere Freunde Heike und Kai hatten inzwischen auch ihren Sohn Len bekommen. Sie besuchten uns jetzt öfter in unserer Übergangswohnung mit ihrem Säugling und holten sich bei Schatzi viele Ratschläge ab, was wann wohl am besten zu tun wäre. Bei ihnen waren wir immer sehr froh, wenn sie lange blieben, denn wir liebten sie heiß und innig (und tun es heute noch). Wir kannten ja sonst das Problem, Gäste loszuwerden, wenn man todmüde war und die einfach nicht gehen wollten. Wir hatten da mehrere Methoden. Bei der besten füllten wir die Gläser und sagten: „So! Und nun möchten wir euch bitten, auf unser Wohl die Wohnung zu leeren!" Eine andere Methode war mittels einer Säge das Verkürzen der beiden vorderen Stuhlbeine. Auf Dauer saß man so doch sehr unbequem, immer nach vorne gebeugt.

Unser Tagesablauf war jetzt sehr durchorganisiert. Montags begann unsere Arbeitswoche. Und eins stand fest: Der Montag wäre halb so schlimm, wäre er nicht immer am Anfang der Woche. Im Sender galt ich als Erfinder der Überstunden, denn ich machte nichts – und das über Stunden. Da Schatzi nach unserer morgendlichen Arbeit immer ab 11 Uhr zu Hause war, kochte sie ab und zu für uns (die sogenannte „Herdanziehungskraft"). Manchmal gingen wir auch im Hause unserer Mietwohnung essen, hier war im Erdgeschoss ein Restaurant. Zum Glück hatten wir an unserem Arbeitsplatz keine Kantine. Man muss aber auch mal sagen: Kantinen sind gar nicht so schlecht wie ihr Ruf. Das Einzige, was schlecht ist, ist das Essen. Schatzi hatte neben ihrer Arbeit immer noch sehr viel zu tun mit dem Sachverständigen der Versicherung, mit dem wir uns immer noch fast täglich trafen, um unseren Wasserschaden im Haus durchzuarbeiten. Manchmal kam auch der Bauleiter dazu und berichtete über die nächsten Schritte seines Teams. Haben Sie eigentlich schon mal aus vollem Herzen gebetet? Wenn man zu Gott betet, bekommt man von ihm ja stets mehrere mögliche Antworten. Diese Antworten gehen von „Ja!“ über „Nein!“ bis hin zu: „Soll wohl ’n Scherz sein!“

Und der liebe Gott hatte bei uns wohl seine Hände im Spiel, als wir eines Tages mit Mini-Ment in seinem Kinderwagen zu unserem Haus gingen. Wir wollten mal staunen, wie weit die Arbeiten gediehen waren, und hatten uns mit dem Bauleiter auf unserer Terrasse verabredet. Als wir da so mittags bei warmer Augustsonne saßen und beratschlagten, was als Nächstes zu tun war, passierte es. Mini-Ment lag auf dem Bauch in seinem Kinderwagen, mit dem Kopf am Fußende. Plötzlich richtete er sich auf und robbte nach vorne los! Das hatte zur Folge, dass er kopfüber aus seinem Kinderwagen auf die Steinplatten unserer Terrasse fiel. Das war ein Geräusch, das wir unseren Lebtag nicht vergessen werden – ein dumpfes „Plumps“! Einen größeren Schreck konnte es nicht geben. Wir waren sprachlos und geschockt. Schatzi sprang als Erste hoch und hob Mini-Ment sofort vom Boden auf. Er blutete an Nase, Wange und Mund. Mini-Ment hatte gar nicht so schnell begriffen, was ihm da geschehen war und fing erst jetzt an zu weinen. Schatzi lenkte ihn sofort ab. Nach wenigen Minuten hatte er tatsächlich vergessen, dass er gerade eben aus einer ziemlichen Höhe gefallen war. Und irgendwie hatte unsere kleine Rübe auch den Reflex gehabt, richtig zu fallen und richtig abzurollen. Die Schrammen in seinem Gesicht hielten etwa zehn Tage, und alle Eltern, die ihn sahen, fragten uns: „Na? Ist er von der Wickelkommode gefallen?“ Dies war offensichtlich den meisten mindestens einmal passiert. Irgendwann war alles verheilt und wir konnten auf das nächste Missgeschick warten, das mir mit ihm erst ein Jahr später passieren sollte. In den folgenden Wochen änderte sich nicht viel in unser dreier Leben. Wir standen früh auf, Opa Pete kam und versorgte seinen Enkel. Der Nachmittag gehörte dann ganz uns und unserem Mini-Ment. Am Abend, wenn er schlief, saßen Schatzi und ich oft noch in unserem Wohnzimmer und lasen Bücher oder guckten fern. Wir weigerten uns einfach, vernünftig zu sein und ebenfalls ins Bett zu gehen. Das „eigene" Leben begann nun einmal erst, wenn der kleine Mann schlief. Auch daran gewöhnte man sich irgendwann mit dem ersten Kind. An den Wochenenden standen wir morgens abwechselnd auf, damit einer von uns mal ausschlafen konnte. So stand ich sehr gerne mit unserem Sohn am Sonnabendmorgen auf, meistens gegen 6 Uhr. Ich windelte ihn, zog ihn an und machte ihm seinen Frühstücksbrei. Dann spazierten wir los mit seinem Kinderwagen, Brötchen und Zeitungen holen für unser gemeinsames Frühstück. Zeitungen lasen wir immer unheimlich gerne. Oft las ich bis zu zehn Zeitungen, bis der Tankwart mich aufforderte, auch mal eine zu kaufen. Am Sonntag stand dann Schatzi mit Mini-Ment auf und ich durfte ausschlafen. Trotzdem waren wir irgendwie immer müde und hatten ein weitaus größeres Schlafbedürfnis als vorher. Kurz bevor wir Mitte Dezember wieder zurück in unser renoviertes Haus zogen, fing dann Mini-Ment noch mit dem richtigen Krabbeln an. Er hörte auf, sich nur mit den Händen nach vorne zu ziehen, und krabbelte nun auf allen vieren. Was war das für ein herrliches Gefühl, wenn er lachend auf dich zukrabbelte – das kannte ich sonst nur von unserem Chef auf Weihnachtsfeiern.

Vom Rückzug und dem allerersten Weihnachtsfest mit Mini-Ment

Hatte ich Ihnen schon verraten, dass ich mir kurz nach der Geburt unseres Mini-Ment die digitale Kamera meines Vaters ausgeliehen hatte, mit dem klaren Vorsatz, diese nie wieder zurückzugeben? Natürlich wollten wir allen Menschen Fotos unseres Sohnes zeigen – aber ebenso wichtig fanden wir es, kinematographisch jede Stufe seiner Entwicklung festzuhalten. Ich hatte im Oktober die Gelegenheit gehabt, mir eine solche Kamera zu wünschen. Im Oktober ist mein Geburtstag. Und als Waage liebe ich Geburtstage! Je mehr man davon hat, desto älter wird man. Und man freut sich doch immer wieder, wenn man sich auf der richtigen Seite des Rasens wiederfindet. 38 wurde ich in diesem Jahr – da musste ich für die Viagra-Kekse noch nicht mal das Gebiss einsetzen. Und statt einer Digicam schenkte Schatzi mir etwas viel Schöneres! Sie war mit Mini-Ment bei einem Fotografen gewesen und hatte traumhaft schöne Schwarzweißfotos von ihm machen lassen. Sie hängen heute alle in unserem Büro im Keller, direkt über dem echten Rembrandt (ich konnte ihn nicht mehr sehen).

Es passierte kurz darauf eines Morgens in unserem Badezimmer. Ich hatte mir gerade die Zähne geputzt und mir meine Gedanken gemacht. Da wurde einem doch von Wissenschaftlern empfohlen, man solle seine Zahnbürste nach vier Wochen wegschmeißen und sich eine neue kaufen. Was für eine Verschwendung, nur dreimal benutzt! Während ich so darüber nachdachte, kam Schatzi mit Mini-Ment ins Bad, der sofort seine Hände nach seinem

geliebten Wasserhahn ausstreckte. Schatzi überbrachte eine ausgesprochen erfreuliche Nachricht. Wir würden auf jeden Fall noch vor Weihnachten aus dieser Wohnung raus sein und wieder in unser Haus einziehen können! Der Bauleiter hatte grünes Licht gegeben. Der Wasserschaden war behoben. Das Haus war trocken und die Umbau- und Renovierungsarbeiten waren so gut wie abgeschlossen. Und so kam es dann auch. Am Morgen des 18. Dezember zogen wir aus der Wohnung aus und bezogen unser Haus, das uns wie ein wachgeküsstes Schneewittchen anstrahlte.

Überhaupt passierte eine ganze Menge in diesem Dezember! Im Kino lief „Der Herr der Ringe“. Ein sensationeller Film, auch wenn man hier ohne Erlaubnis mein Leben verfilmt hatte. Ich wurde zu dieser Zeit sehr oft gefragt, was ich von Gewalt im Kino halte. Ich sagte dann immer: „Gerne – solange es nicht die Sicht versperrt!" Und wir steuerten nun alle zielstrebig auf das Weihnachtsfest zu. Es war überall zu spüren! Opel-Fahrer sangen ihre Lieblings-Weihnachtslieder „Boah du Fröhliche" und „Ey, Tannenbaum". Allerorten gab es flüssiges Kopfweh: Glühwein. Vertreter begannen mit ihrem cleveren Weihnachtsgeschäft. So klingelte einer bei uns an der Haustür und sagte: „Gudn Teck. Darf ich Ihnen diesen Staubsauger zeigen, von dem Ihr Nachbar behauptet, dass Sie ihn sich nicht leisten können?!?" Mein Motto war schon immer: Weihnachten ist nicht die Zeit zum Bereuen, dafür gibt es Hochzeitstage. Schatzi wollte dieses Jahr unbedingt einen wunderschönen Weihnachtsbaum haben. Sie sagte, das erste Weihnachtsfest unseres Mini-Ments solle so schön werden wie keins zuvor! Und sie plante alles ganz genau. Ich hatte am Heiligabend noch eine Sendung, wie jedes Jahr Heiligabend. Meistens war ich dann spätestens um 17 Uhr wieder zu Hause. Viele aßen Heiligabend am liebsten den Fisch, den sie selbst gefangen hatten. Also gar keinen. Bei uns gab es am Weihnachtsabend traditionell Pastete mit Hühnerfrikassee. Schatzi war eine Meisterin in der Zubereitung. Noch heute muss ich danach aufstoßen (kleiner Scherz auf deine Kosten, Schatzi. Ich bau dir trotzdem irgendwann deine Kathedrale!). Auch bei uns im Sender wurde ordentlich Weihnachten gefeiert. Viele Kollegen behaupteten, unser Chef sei ja selbst noch ein Kind. Ich wollte ihn deswegen mal anrufen, aber glauben Sie, er ging ans Babyfon? Schließlich kam der 24. Dezember. Es war ein wunderschöner Wintertag, kühl und relativ schneearm. Mini-Ment wachte in seinem eigenen Zimmer auf. Wir hatten den Umzug zurück in unser Haus genutzt, um ihn aus unserem Schlafzimmer auszuquartieren. Er schlief jetzt allein ein, und das ohne Probleme. Auch wir hatten jetzt etwas mehr Bewegungsraum für uns selbst. Als er noch bei uns mit im Zimmer schlief, konnte man abends kein Buch mehr lesen. Das Licht wurde meistens gar nicht erst angemacht. Und Schatzi anmachen ging auch nicht, denn er schlief ja direkt daneben. Insofern war dieser Plan von Schatzi in der Ausführung sehr gelungen. Wir freuten uns nun alle sehr auf den Heiligen Abend und waren auch in echter Weihnachtsstimmung! Der Weihnachtsbaum stand festlich geschmückt an der Wand unseres Wohnzimmers auf einem Tisch. So konnte Mini-Ment ihn nicht umschmeißen. Wir hatten auf echte Kerzen verzichtet und lieber elektrische Lichterketten genommen. Wir hörten viel Weihnachtsmusik und unser kleiner Sohn war mehr als verliebt in einen kleinen, roten Vogel. Dieser steckte als Weihnachtsschmuck am Weihnachtsbaum. Wir hatten an diesem Weihnachtsabend meinen Vater zum Essen eingeladen; Mini-Ments Großmutter war wegen eines kaputten Knies im Krankenhaus. Ich hoffte sehr, dass mein Vater nur mit den Ellenbogen klingeln würde – voll gepackt mit Geschenken. Der Rest der Familie feierte unter sich. Dieses erste Weihnachtsfest mit unserem Mini-Ment war mehr als feierlich und rührend! Mini-Ment fühlte selbst auch, dass an diesem Tag etwas ganz Besonderes vor sich ging. Er durfte länger aufbleiben und bekam vor dem Zu-Bett-Gehen seine ersten Weihnachtsgeschenke. Sein Großvater hatte ihm zwei Boote geschenkt, mit denen er zusammen in die Badewanne konnte. Dazu gab es jede Menge Hosen und Pullover. Und ein Buch, denn er liebte ja Bücher! Und das alles war einfach wunderschön. Nur Schatzi war schlussendlich über meine Weihnachtsgeschenke nicht sehr glücklich – ein Abo der Zeitschrift „Putzwoche“ und ein paar Blumen von der Tankstelle (im Angebot).

Von den Zähnen und dem ersten Jahreswechsel

Es gibt drei Arten von Menschen. Die einen können rechnen, die anderen nicht. Wenn ich es genau nachrechnete, war Mini-Ment am 23. Dezember zehn Monate alt. Als ich damals so alt war, hatten mich meine Eltern verklagt – ich war zehn Monate im Mietrückstand. Mini-Ment fühlte sich über die Weihnachtstage sichtlich wohl. Die Familie war enger zusammengerückt und wir besuchten seine Tante Silke mit ihrem Mann Georg und dem mittlerweile geborenen kleinen Paul. Als wir bei ihnen in der weihnachtlichen Wohnung ankamen, spielte Georg gerade Schach gegen einen Toaster. Er wollte beweisen, dass der Mensch doch in der Lage war, gegen eine Maschine zu gewinnen. Nachdem er die Partie im entscheidenden Moment doch noch verloren hatte, fingen wir an zu fachsimpeln. Wir sprachen darüber, was sich alles im Leben veränderte, wenn man plötzlich Kinder hatte. Dazu gehörte als Erstes, dass man nur noch über seine Kinder sprach. Und für ihn war es immer noch etwas anderes als für uns. Er arbeitete in Berlin und musste

in der Woche immer wieder weg von seiner Familie und sah sie nur am Wochenende. Da wurde uns klar, wie viel Glück wir hatten mit unserem Job und unserer Arbeitszeit. Mini-Ment hatte doch sehr viel von uns, wenn wir in der Woche spätestens am Nachmittag als Familie komplett waren. Nachdem wir die Weihnachtstage gut hinter uns gebracht hatten, steuerten wir zielstrebig auf Silvester zu.

Unsere kleine Rübe bekam jetzt immer mehr Zähne. Zuerst hatte er nur zwei unten. Dann kamen auch die Zähne oben, ebenfalls zuerst zwei. Sie fingen an als kleine weiße Punkte in seinem Mund und kamen dann langsam durch. Schnell hatte er auf sechs Zähne aufgestockt. Die Menge seiner Zähne dokumentierte er mittels Kerben, die er in sein Bettchen biss. Normalerweise bekamen die Babys beim Zähnekriegen Fieber. Mini-Ment bekam zwar keines, dafür aber einen äußerst wunden Po. Er leuchtete beim Windelwechseln so rot wie alle Ampeln Hamburgs zusammen. All das machte ihm aber nicht viel aus, denn er war unbändig neugierig! Immer wieder wollte er am liebsten aufstehen und die Welt auf seinen wackligen Beinen erkunden. Richtig laufen konnte er noch nicht. Er zog sich aber immer wieder überall hoch, bis er aufrecht stand. Dann machte er seinen Weg von A nach B, manchmal auch nach C. Er hatte sich richtige Strecken ausgeguckt, wo er sich überall festhalten konnte. Zwischendurch musste er allerdings immer mal wieder einen oder zwei Schritte ohne Netz und doppelten Boden machen. Wir waren erstaunt, wie gut er das schon konnte. Mein Vater schlug vor, mit Mini-Ment bald nach Sylt zu fahren. Dort, auf der Promenade in Westerland, hatte er auch mir das Laufen beigebracht. Ich versprach ihm, dass wir bald dorthin fahren würden und er mit Mini-Ment das würde wiederholen können, womit er bei mir angefangen hatte.

Nun war also Silvester. Wir hatten uns natürlich Gedanken gemacht, mit welchen guten Vorsätzen wir in das neue Jahr gehen wollten. Ich hatte mir einiges zurechtgelegt. Endlich mit dem Rauchen anfangen! Schatzi die Kellertür aufhalten, wenn sie die schweren Getränkekisten schleppte. Auch mal andere im Lotto gewinnen lassen. Versehentlich gekaufte Bierdosen in Pfandflaschen umfüllen. Beim Windhundrennen mal auf den Hasen setzen. Und auch sonst wollte ich sehr viel mehr mit im Haushalt anpacken. Ich hatte schon viel gelernt in den letzten Tagen. Woran merkte ich zum Beispiel, ob das Bügeleisen noch an war? Ich musste einfach den Finger ablecken und kurz drauftippen! So testete man ja auch, ob es Salz oder Zucker war oder ob der Chef noch lebte.

Dieses Jahr mit Kind war es Silvester ganz anders als alle Jahre vorher. Normalerweise verabredeten wir uns mit Freunden und gingen auf eine Party. Oder ich musste selbst ran. Durch meinen Radiojob hatte ich schon viele große Silvesterpartys moderiert und Platten aufgelegt als DJ. Dies war nun ab sofort alles anders. Wenn wir wirklich ausgehen wollten, brauchten wir für die Silvesternacht einen Babysitter. Und wen sollten wir da fragen?

Natürlich wollten alle selbst feiern. Zu Recht. Und so entschieden wir uns für die eher häusliche Variante. Wir luden unsere Freunde Heike und Kai ein mit ihrem kleinen Len und beschlossen, etwas so Außergewöhnliches zu machen wie ein Fondue. Am Abend kamen die drei dann auch zu uns, in unser wiedergeborenes Haus. Wir hatten uns schick gemacht, Heike und Kai kamen im Holzfällerhemd.

Da flogen auch bei uns sofort Anzug und Pumps in die Ecke und wir passten uns unseren Gästen an. Schatzi hatte einen fantastischen Feldsalat zubereitet. Dazu gab es viele leckere Kleinigkeiten. Kai brachte den Fonduetopf mit und fürs Feuer eine Flasche Spiritus. Gut, dass Schatzi vorher in die Gebrauchsanweisung geguckt hatte, denn da stand als Erstes: „Auf keinen Fall Spiritus verwenden!" Da auch sonst alles für diesen Fonduetopf fehlte (außer dem Hunger, den wir hatten), ging ich schnell rüber zu unserer Nachbarin und lieh mir ihr Fondue aus. Ich hatte ja als alter Schweizfan für ein Käsefondue plädiert, war aber überstimmt worden. So gab es Pute und Rindsfilet – dazu Wasser, Wein und Bier. Heike hatte dasselbe Los wie Schatzi noch wenige Wochen vorher: Als stillende Mutter konnte sie auch Silvester keinen Alkohol trinken. Wir hatten für sie daher extra alkoholfreien Sekt besorgt. Zusammengezählt 6 Flaschen – nach Adam Riesling (oder hieß der Riese?).

Unseren Mini-Ment hatten wir gegen 19 Uhr nach dem Abendbrei in sein Bett gebracht. Len schlief kurz darauf in unserem Schlafzimmer, ein Stockwerk über dem Fondue. Die beiden kleinen Stöpsel verschliefen komplett ihr erstes Silvester. Auch unser Knallen (Böller, Heuler und Boden-Boden-Raketen) war von beiden komplett ignoriert worden. Um 0 Uhr sprangen wir von Treppen und Stühlen in das neue Jahr 2002. Jeder wünschte sich etwas dabei. Und bei allen ging es dieses Mal garantiert nur um das Wohl und die Zukunft unserer kleinen Wunder. Es war dann irgendwann, wie so oft um diese Zeit, 2 Uhr morgens, und wir verabschiedeten unsere Gäste. Len schlief bei der Heimfahrt in seinem Kindersitz und Mini-Ment hörte von all dem nichts. Und auch das war anders als sonst. Hatten wir sonst am

Neujahrsmorgen einen derartigen Kater, dass uns selbst der Sonnenaufgang zu laut, war, wachten wir jetzt erstaunlich fit auf. Und das schon vier Stunden später. Ab 6 Uhr war auch Mini-Ment wieder gewohnt munter und begrüßte das neue Jahr mit einem gewaltigen Pups. Ich war an diesem Neujahrsmorgen mit ihm aufgestanden und Schatzi sollte einfach mal liegen bleiben. Was würde dieses Jahr für Mini-Ment bringen? Bald würde er schon seinen ersten Geburtstag feiern!

Von schnellen Fortschritten

Alle Männer sind Tiere – manche leider nur Haustiere. Ich zählte mich zur ersten Gattung („Ein Mann unter Männern, ein Tier unter Frauen!"), Schatzi hingegen wünschte sich eher öfter mal Zweiteres von mir. In der Tat hielt ich mich ziemlich zurück, was das Mithelfen im Haushalt anging. Auch das Einkaufen von Lebensmitteln war ja erheblich aufwändiger geworden. Sie sagte mir zwar immer wieder, dass ich ein guter Vater sei, aber ihr Leben war sehr viel anstrengender geworden, seit sie wieder arbeitete. Das sagte ich auch immer zu ihr. Ich sagte: „Schatzi, von Mann zu Mann – wenn ich du wäre, wäre ich lieber ich!" Jeden Morgen um halb vier aus dem Bett, dann den Fulltimejob als Radio-Moderatorin. Ab 11 Uhr erwartete sie dann ihre zweite und wichtigere Berufung: die als Mutter unseres Mini-Ment. War er dann spätestens um 19 Uhr im Bett, räumte sie noch alles auf, saugte unser Haus, machte die Wäsche, unsere Steuererklärung, übersetzte die belgischen Notstandsgesetze ins Holländische und bereitete alles vor für Opa Pete und den nächsten Morgen. Hier kamen ihr die ersten Zweifel, ob das wohl auf Dauer so durchzuhalten wäre. Über das Ergebnis ihrer Gedanken wollen wir ein paar Seiten später berichten.

Ich war mir aber auch sicher, dass ich ihr in dieser Zeit ein guter Ehemann war. Ich sagte auf keinen Fall so etwas wie: „Schatzi, ich hol dir keine Sterne mehr vom Himmel – die liegen nachher doch nur zu Hause rum!"

Im neuen Jahr hatte sich für unseren Mini-Ment schon sehr viel Erfreuliches ereignet. Seine Großmutter war aus dem Krankenhaus entlassen worden mit einem weitgehend wiederhergestellten Knie. Sie hatte sich so sehr gewünscht, immer für ihren Enkel da zu sein. Nun stand diesem Vorhaben nichts mehr im Wege. Mini-Ment war seit einigen Wochen mit gleichaltrigen Babys in einer Krabbelgruppe. Hier trafen sich die Mütter mit ihren Kleinen für gute zwei Stunden und unterhielten sich. In der Zwischenzeit konnten sich die krabbelnden Babys prima untereinander verheddern. Mini-Ment liebte diese Gesellschaft, die jeden Donnerstag stattfand. Opa Pete brachte ihn dorthin. Wenn Schatzi fertig war mit ihrem Job, fuhr sie sofort los und war ein paar Minuten nach Beginn der Krabbelgruppe ebenfalls da. Mini-Ment hatte jetzt viel Bewegung. Und es ist gut, sich viel zu bewegen!

Jeder weiß, dass es Zeit wird, sich mal wieder zu bewegen, wenn die Polizei anfängt um einen herum Kreidestriche zu ziehen. Für Mini-Ment gab es nichts Schöneres als Laufen. Schatzi hatte ihm einen Lauflernwagen geschenkt, damit er besser üben konnte. Dieser Lauflernwagen war klein, bunt und aus Holz, mit vier Rädern. Er hatte einen Haltebügel in Mini-Ments Armhöhe, und er schob ihn vor sich her wie einen Kinderwagen. So konnte er nach kurzer Zeit mit hoher Geschwindigkeit laufen, ohne hinzufallen. Als ich seinen Lauflernwagen das erste Mal sah, musste ich lachen! Mir fiel sofort unser Chef ein, über den ich unzählige Gags gemacht hatte mit seinem Gehwagen. In Wirklichkeit waren das alles gar keine Gags und er brauchte auch keinen Gehwagen. Aber es machte im Radio viel Spaß zu erzählen: „Oh, da kommt ja unser Chef, der sympathische Milliardär, mit seinem Gehwagen!“ Um ihn herum strickte ich dann noch ein paar Geschichten wie: „Gestern wurde unser Chef beerdigt. Mann, war der sauer!“ Oder: „Unser

Chef will auch Radiomoderator werden – die faule Sau!" Aber auch: „Wissenschaftler haben herausgefunden, wie man 100 Jahre alt wird. Die hätten nur unseren Chef fragen brauchen – der hat das immerhin schon zweimal geschafft!" Und zu diesem Blödsinn rollte immer sein imaginärer Gehwagen. All diese Geschichtelein schossen mir durch den Kopf, während ich unseren Mini-Ment voller Begeisterung mit seinem kleinen Lauflernwagen über unsere Auffahrt rasen sah. Gut, dass wir schnell ein Schild auf unserer Auffahrt anbrachten, das ihm nicht mehr erlaubte als Tempo 30.

Einer der schönsten Tage für uns war im Januar. Mini-Ment lag abends vor dem Zu-Bett-Gehen auf seinem Wickeltisch und sprach das allererste Mal klar und deutlich das Wort „Papa". Hatte er vorher schon immer irgendwelche Laute von sich gegeben, war dieser 26. Januar für uns der Tag der Tage. Dieses Datum des ersten Mal „Papa"-Sagens konnte ich mir deshalb so gut merken, weil ich das erste Mal in meinem Leben duschte. Außerdem besaß ich zum ersten Mal in meinem Leben einen Terminplaner. Hier trug ich alles ein, was ich mit unserem Mini-Ment niemals vergessen wollte. Die geschäftlichen Termine waren dagegen leicht zu erkennen. Es waren die Termine, um die ich kein Herz gemalt hatte. Ich hatte noch mehrere solcher Eintragungen vor seinem ersten Geburtstag. Es ging Schlag auf Schlag. Am fünften Februar passierten gleich zwei einschneidende Ereignisse. Mini-Ment erkannte Hunde. Wir spazierten mit seinem Kinderwagen zum Essengehen. Er saß ganz normal auf seinem Lammfell, bis er sich plötzlich aufrichtete und laut „Wuwu" rief. Schatzi und ich guckten uns an, denn so hieß keiner von uns. Dann sahen wir ihn vor uns, keine

30 Meter entfernt: einen Hund. Mini-Ment guckte ihn an, dann uns, und dann rief er wieder: „Wuwu!"

Kurze Zeit später dann das nächste Ereignis, am selben Tag. Wir waren an diesem Nachmittag mit unserem Mini-Ment zum Essen in einem unserer Lieblingsrestaurants. Es lag wunderschön an einer Schleuse und man hatte hier einen tollen Ausblick auf einen Ausläufer der Hamburger Alster. Wir gingen mit ihm lieber nachmittags zum Essen, denn dann waren die Restaurants für gewöhnlich leerer, nicht so verraucht und es war auch nicht ganz so laut.

Wir hatten uns an einen Tisch gesetzt, Mini-Ment in einen Hochstuhl. Normalerweise aß ich hier am liebsten „Fantasie vom Schwein in eigenem Darm an indischer Soße", kurz Currywurst. Aber an diesem Tag hatten wir uns für Fisch entschieden. Wir wollten sehen, ob Mini-Ment auch Fisch mögen würde. Schatzi bestellte Zanderfilet, ich ebenso. Unsere kleine Rübe sah erwartungsvoll zu, was da aufgetischt wurde. Als Schatzi dann auf seinen kleinen, gebogenen Plastiklöffel etwas Fisch tat, aß Mini-Ment dies mit großem Appetit, und wir wussten: Ab sofort gehörte Fisch mit auf seinen wöchentlichen Ernährungsplan! Was er überhaupt nicht bekam, waren Fastfood und Süßigkeiten. Auch gab es für ihn überhaupt kein Fernsehen. Und das aus gutem Grund. Ich hatte einmal von einer Untersuchung gehört: „Macht Fernsehen blöd?". 82% der Befragten hatten geantwortet: „Kann ich die Frage noch mal hören?"

Vom ersten Kindergeburtstag

Wollen Sie jemanden mal richtig ärgern? Dann schicken Sie ihm nur eine Fax-Seite mit dem Vermerk „Seite 2 von 3!". Was uns immer ärgerte, waren Menschen, mit denen wir unsere kostbare Zeit verschenkten. Leute, von denen wir erst während unseres Besuches merkten, wie doof sie waren. Wir kannten Menschen, die waren so penibel, dass man als Besucher die Schuhe ausziehen musste. Sogar schon im Garten. Seit wir unseren Mini-Ment hatten, war es sinnlos geworden, besonders penibel zu sein. Auch wenn es Schatzi immer gut gelang, alles „in Schuss" zu halten, so lag bei uns halt doch immer mal ein Bauklotz herum und Kinderhände zeichneten sich von der weißen Wand ab. Und das war gut so!

Ich hatte festgestellt: Je mehr ich eine Arbeit mochte, desto weniger war es Arbeit. Alles, was mit unserem Mini-Ment zu tun hatte, war keine Arbeit. Wir hatten im Februar die große Freude, seinen ersten Geburtstag auszurichten! Es sollte ein Fest werden, zu dem alle kamen, um mit ihm zu feiern! Nicht so wie bei unserem Chef, dem alten Geizkragen – an seinem Geburtstag wollte er mal richtig auf den Putz hauen und zeigte Dias von einem Feuerwerk. Schließlich feierte er dann doch nur im engsten Kreis seiner Chirurgen. Schatzi hatte für Mini-Ments ersten Geburtstag eine ganz tolle Idee. Die Feier war an einem Samstag. Wir luden zum Nachmittag ein – und was Mini-Ments Gäste erlebten, war ein richtiger Kindergeburtstag mit allem Drum und Dran! Schatzi hatte unser Wohnzimmer geschmückt mit vielen Girlanden, Konfetti und Luftballons.

Als die Gäste am Nachmittag kamen, hörten sie bei uns

den ganzen Nachmittag die schönsten Kinderlieder und es gab vieles, das man selbst noch aus seiner Kinderzeit kannte. Da waren Esspapier, Negerküsse, Brausepulver, natürlich süße Kindertorte, Kuchen und vieles mehr. Mit Diät hatte das nichts zu tun. Ich hatte einmal eine heftige Diät gemacht – ich trug zu der Zeit meinen schwarz-rot-goldenen Pyjama und wäre einmal beinahe als Flagge gehisst worden. Doch zurück zu diesem Samstag im Februar. Es war ein kalter Tag, man trug seine Rollkragensocken und alle waren zum Feiern gekommen! Die Freunde Frank und Sylvie mit ihrem Sohn Sam. Sam war erst wenige Monate alt und in den USA geboren. Er war eine Hausgeburt und unser Freund Frank hatte ihn selbst geholt, da die Hebamme im Stau stand. Hoppla! Dann kamen natürlich die Großeltern, Heike und Kai mit Len, Angie und Wolfgang und viele mehr. Mini-Ments Geburtstag hatte für ihn schon sehr feierlich begonnen. Er bekam zum Frühstücksbrei eine große Kerze mit einem wunderschönen Ring aus Holz drum herum – in einem Ständer steckte eine große „1“. Da wir am Abend vor seinem Geburtstag alles fertig geschmückt hatten, guckte er ganz erstaunt, als er unser Wohnzimmer anders vorfand, als er es kannte. In der Mitte hatten wir an einem der tragenden Balken der Decke eine Kinderschaukel angebracht – und das war überhaupt der Bringer! Die Schaukel bestand aus einem roten Plastikgehäuse. Wir setzten ihn von oben hinein, und dann gaben wir ihm richtig Schwung. Am Nachmittag gab es dann natürlich für alle anderen Kinder auch nichts anderes als diese Schaukel. Wir alle feierten sehr schön mit unserem Mini-Ment, der es sichtlich genoss, dass so viel los war. Jeder nahm ihn in den Arm, und er strahlte alle ganz besonders

an. Wir hatten noch nie in unserem Leben ein so freundliches und glückliches Kind gesehen. Aber wir alle wissen: Ein Jahr zieht sich manchmal über zwölf Monate. Und wo waren die geblieben?

Von der geborenen Mutter und ihrem Entschluss

Gestern war Schatzi im Bad, genau als ich unseren Sohn füttern wollte. Ich fragte sie, was ich ihm geben solle. Schatzi sagte, ich solle so tun, als ob sie nicht da wäre. Also rief ich sie übers Handy an und fragte sie, was ich ihm geben solle. Dies und mehr beschäftigte uns in den Monaten nach dem ersten Geburtstag unseres kleinen, für sein Alter aber schon viel zu großen Mini-Ment. Überhaupt war er schon sehr weit und begann, seine Sprache auszuprägen. Ganz kurz zu seinem ganz persönlichen Wörterbuch:

„G" bedeutet Flugzeug (mit den Fingern nach oben zeigend), „Wuwu" Hund, „Mau" Katze, „Bah!" Auto, „Bau" Baum, „Kuki" Vogel, „Auff!" auf, „Heiss" heiß, „Anne" alle (etwas ist alle), „Da!" da, „Papa" Papa, „Mama" Mama, „Ke" Silke, „Pau!" Paul und am fünften Juni 2002 hörte Opa Pete von Mini-Ment das erste Mal den Namen „Opa"!

Vor dem ersten „Opa“ hatten wir aber noch ein ganz besonderes Erlebnis mit Mini-Ment! Es war einer dieser warmen Tage im Mai. Wir hatten ein paar Tage frei und Schatzi hatte klar gefordert: Wir sollten unbedingt mit Mini-Ment das erste Mal an den Strand fahren! Und so fuhren wir an einem Montag los, Richtung Scharbeutz, an die Ostsee. Die Strandtasche war gepackt, Mini-Ment eingecremt und alle waren bester Laune. Ich sagte mir: Herrlich, mal an den Strand fahren, in Badehose! Den Frauen zeigen, was ihnen nicht gehören darf! Ich hatte bis jetzt auch immer gedacht, die Frauen, die im PLAYBOY abgelichtet sind, müssen furchtbar einsam sein. Man sieht sie immer nur allein am Strand! So kamen wir kurz nach Mittag in Scharbeutz an und es war erwartungsgemäß wenig los an einem Wochentag ohne Ferien. Wir mieteten einen Strandkorb und waren kaum angekommen, da schoss der Kleine auch schon los in Richtung Wasser. Mini-Ment spürte nicht, dass das Wasser sehr kalt war – es interessierte ihn überhaupt nicht, so viel Spaß machte ihm das Baden mit den Füßen im Wasser. Wir verbrachten einen herrlichen Tag am Strand und Mini-Ment lernte sogar seine erste kleine Freundin kennen: Julia, zwei Jahre. Sie wollte ihn später unbedingt mit nach Hause nehmen. Vielleicht hätte er sie nach ihrer Telefonnummer fragen sollen. Oder ihr seine Windelsammlung zeigen. Der Tag an der Ostsee war in jedem Fall mehr als schön, und wir beschlossen, da so bald wie möglich wieder hinzufahren!

Es heißt immer, Männer würden so viel lügen – und daran haben die Frauen Schuld. Warum stellen sie auch so viele Fragen? Die Frage, die uns mittlerweile am meisten gestellt worden war, hatte mit Schatzi zu tun. Sie wurde immer wieder gefragt: Wie schaffst du es eigentlich, jeden Morgen um halb vier aufzustehen, die Sendung zu machen und dann hinterher noch bis in den Abend hinein die Mutter deines Sohnes zu sein? Bleibt es bei einem Mini-Ment oder wollt ihr nicht noch einen? Vielleicht eine Mini-Mentine? Wenn ja – wie sei das alles überhaupt zu schaffen, mit dem Job?

Und dann war da dieser eine Tag, an dem Schatzi so übermüdet war, dass sie auf alles und jeden mehr als gereizt reagierte. Als dies darin gipfelte, dass sie Mini-Ment gegenüber ungerecht und laut wurde, legte sich bei ihr im Kopf ein Schalter um, von „Autopilot" auf „Achtung, Achtung!". Schatzi sagte sofort, dass sich hier die Prioritäten falsch verlagerten. Nicht der Job war das Wichtigste, sondern unser Mini-Ment! Ihm sollte es gut gehen – und wenn sie so weitermachen würde, dann könnte sie für nichts mehr garantieren. Außerdem war es jetzt an der Zeit, mehr mit ihm zu unternehmen. Er war über ein Jahr alt. Er brauchte jetzt seine Mutter auch am Vormittag, um mal mit ihr Schwimmen gehen zu können oder Turnen – oder Freunde für ihn zu suchen und zu finden. Und Schatzi war jetzt 35. Da führten die Kerzen der Geburtstagstorte zwar noch nicht zu einer dramatischen Erderwärmung – aber sie würde ja später wieder in einen Job einsteigen können. Wenn die Zeit es hergeben würde. Und so stand Schatzis Entschluss fest: Sie würde ihren Job als Moderatorin an meiner Seite an den Nagel hängen. Sie kündigte einen Tag später im Büro des Programmdirektors und des Geschäftsführers. Beide hatten vollstes Verständnis für ihre Entscheidung. Überhaupt hatten sie sich gewundert, dass Schatzi diese extreme Belastung so lange ausgehalten hatte. Wir verkündeten dann ihren Ausstieg auch bei den Kollegen im Sender und machten es publik. Es hieß: „John Ment sucht eine neue Frau! Angeblich schlafen Schatzi und John schon in getrennten Käfigen!“ Diese Entscheidung war die beste, die wir treffen konnten. Opa Pete brauchte morgens nicht mehr um 20 nach vier zum Babysitten an unsere Scheibe zu klopfen, auch wenn er es sehr gerne gemacht hatte und seinen Enkel über alles liebte. Wir waren ihm unendlich dankbar, denn er hatte es mit seiner Liebe überhaupt erst ermöglicht, dass wir dieses Experiment wagen konnten.

Schatzi ist heute zu Hause und hat das große Glück, jeden Morgen mit Mini-Ment aufzustehen. Und ich freue mich immer ganz besonders auf die Wochenenden und den Urlaub. Denn dann stehen wir zu dritt auf als das, was wir seit der Geburt unseres Mini-Ments sind: eine richtige Familie.

Bonus-Track: Beim ersten Muttersein wird alles anders

Da unsere kleine Rübe unser Leben so auf den Kopf gestellt hat, sagt Schatzi, dass wir Ihnen unbedingt noch etwas mehr mitteilen sollten! Es gibt ja so viele Erfahrungen, die man erst machen muss. Hätte man sie vorher gewusst, hätte man die Babyzeit seines ersten Kindes noch mehr genossen. Daher ist nach dem 22. Kapitel noch nicht Schluss und Sie lesen gerade ganz entspannt den Bonus-Track dieses Buches (erscheint übrigens nur bei den Lesern, die das Buch gekauft haben oder denen es geschenkt wurde. Alle anderen, die es sich nur geliehen haben, sollten jetzt nicht weiterlesen, da sie in wenigen Sekunden strafverblinden). Und so diktierte Schatzi mir schnell noch ein paar Anregungen, die Sie in Ihr neues Leben mit Kind aufnehmen könnten! Nennen wir Ihr Kind doch jetzt nach dem „Mini-Ment“ einfach den „Mini-Leser“.

Was die Ernährung des Mini-Lesers angeht: Wenn Sie ihm eine Banane geben, brechen Sie von der Frucht die beiden Enden ab – hier sind offensichtlich die gesammelten Schadstoffe enthalten.

Wenn Sie ihm etwas zu trinken geben, mischen Sie möglichst wenig Fruchtsaft dazu. Er bekommt davon schnell einen wunden Po.

Beim Milchgetränk: Damit er nicht zu dick wird, füllen Sie sein Trinkgefäß halb mit heißem Wasser, halb mit Milch.

Ernähren Sie ihn abwechslungsreich: mal Fisch, mal Fleisch. Haben Sie auf jeden Fall immer genug Gläschen im Haus und Tiefkühlgemüse.

Wenn der „Mini-Leser“ mal nicht weiteressen will, verwenden Sie folgenden Trick: Häufen Sie sein Essen auf den Löffel – vorne drauf aber schon etwas von seinem Nachtisch. Was ein Rechtsanwalt hier zu Recht als „arglistige Täuschung“ bezeichnen würde, hilft.

Überhaupt: Schaffen Sie Rituale beim Essen. Singen und spielen Sie mit Ihrem Kind, geben Sie ihm ein kleines Buch – das lenkt ihn ab und es isst dann immer weiter.

Wenn Sie seine Wäsche waschen, geben Sie statt Weichspüler einen Schuss Essig dazu. Damit werden die Waschmittelrückstände ausgespült.

Wenn Sie mit ihm sprechen lernen, sagen Sie immer die Artikel vorweg. Nicht nur „Auto“ sondern „das Auto“.

Lassen Sie Ihren „Mini-Leser“ viel barfuß laufen, damit er ein besseres Körpergefühl bekommt.

Geben Sie ihm nie elektrische Geräte zum Spielen – wenn er allein ist, nimmt er sie sich auch.

Und seien Sie immer nett zu Ihrem Kind. Denn denken Sie dran: Es wird später einmal Ihr Altersheim aussuchen!